AF891976

Entzündungshemmende
ERNÄHRUNG

Alle Ratschläge in diesem Buch wurden vom Autor und vom Verlag sorgfältig erwogen und geprüft. Eine Garantie kann dennoch nicht übernommen werden. Eine Haftung des Autors beziehungsweise des Verlags für jegliche Personen-, Sach- und Vermögensschäden ist daher ausgeschlossen.

ISBN: 978-3-757633837

Copyright © 2026 Edition Dreiblatt
Email: info@edition-dreiblatt.de
www.edition-dreiblatt.de

Alle Rechte, insbesondere das Recht der Vervielfältigung und Verbreitung der Übersetzung, vorbehalten. Kein Teil des Werkes darf in irgendeiner Form (durch Fotokopie, Mikrofilm oder ein anderes Verfahren) ohne schriftliche Genehmigung des Verlages reproduziert oder unter Verwendung elektronischer Systeme gespeichert, verarbeitet, vervielfältigt oder verbreitet werden.

Psiana eCom UG
Berumer Str. 44
26844 Jemgum

MEHR ENERGIE,
WENIGER SCHMERZEN
& STARKE GESUNDHEIT

Entzündungshemmende ERNÄHRUNG

DIE LECKERSTEN ANTIENTZÜNDLICHEN
REZEPTE FÜR DEN ALLTAG

Vorwort

Spielen bei Ihnen chronische Entzündungen oder Autoimmunerkrankungen eine Rolle? Sie wollen für Ihre Gesundheit aktiv werden und dabei nicht nur auf Tabletten & Co. setzen? Stattdessen möchten Sie das Problem bei der Wurzel packen und die Grundlagen bekämpfen? Dann ist Ihre Ernährung der Schlüssel – und mit den Rezepten in diesem Buch wird das unkompliziert und genussvoll zugleich.

Entzündungen sind überlebensnotwendig und eine Höchstleistung Ihres Körpers. Werden sie jedoch chronisch, richten sie im Körper großen Schaden an: Diabetes, Herz-Kreislauf-Erkrankungen, Krebs, Alzheimer, Arthritis & Co. – die Liste damit in Verbindung stehender Erkrankungen ist lang und die Lebensqualität leidet erheblich. Abfinden müssen Sie sich damit aber nicht, denn mit der passenden Ernährung halten Sie ein hochwirksames Mittel zur Entzündungsbekämpfung in der Hand.

Dieses Buch präsentiert Ihnen eine Riesenauswahl an sorgfältig erstellten Rezepten, die einerseits entzündungsfördernde Lebensmittel meiden und andererseits voller gesunder Top-Entzündungshemmer stecken, darunter Antioxidantien, sekundäre Pflanzenstoffe, bestimmte Vitamine, Omega-3-Fettsäuren und mehr.

Von Frühstück über leichte Mahlzeiten und Hauptgerichte bis hin zu feinen Desserts kommen hier Fleischfans, Fischfreunde und Veggies gleichermaßen auf ihre Kosten und entdecken entzündungshemmende Ruckzuck-Leckereien für jeden Geschmack.

Guten Appetit!

Edition Dreiblatt

Hallo, schön, dass Sie da sind!
Als junges Start-Up möchten wir mit liebevollen Kochbüchern die Freude am Kochen (wieder-)erwecken und zu einer natürlichen Ernährung abseits von Fast Food und Fertigprodukten animieren.

Sollte Ihnen dieses Kochbuch gefallen, würden wir uns über eine Rezension bei Amazon riesig freuen. Sollten Sie Anregungen oder Verbesserungsideen haben, dann schreiben Sie uns liebend gerne unter: feedback@edition-dreiblatt.de

Werden Sie Mitglied unseres Newsletters!

Köstliche Rezeptideen, Neuerscheinungen, exklusive Gewinnspiele und vieles mehr.

Jetzt eintragen unter:
www.edition-dreiblatt.de

Entdecken Sie unzählige spannende Kochbücher!

Inhalt

Entzündungshemmend genießen

Frühstück

Brote & Aufstriche

Suppen

Salate & Dressings

Fleisch & Geflügel

Fisch & Meeresfrüchte

Vegetarische Hauptgerichte

Vegane Hauptgerichte

Snacks & Beilagen

Süßspeisen & Desserts

Getränke

30-Tage-Ernährungsplan

Register

Entzündungshemmend genießen

Schlemmen gegen Entzündungen

Ob Rheuma, Arthrose, Gicht, Rosazea oder viele weitere: Die Krankheiten haben alle eines gemeinsam, und zwar stehen sie mit chronischen Entzündungen in Verbindung. Darüber hinaus greift ein weiteres Problem in unserer westlichen Gesellschaft der Moderne um sich – das der sogenannten stillen Entzündungen: dauerhafte, unterschwellige Entzündungsprozesse, die ohne klar sichtbare Herde langfristig im Körper ablaufen und das Potenzial haben, ihn erheblich zu schädigen.

Die Ursachen sowohl für entzündliche Krankheiten als auch für die stillen Prozesse sind oft im heute üblichen Lebenswandel zu finden und einer der Hauptfaktoren ist dabei die Ernährung. Oftmals ein wahrer „Brandbeschleuniger", liegt hierin jedoch gleichzeitig die gute Nachricht: Über das, was Sie essen, haben Sie einen hochwirksamen Hebel in der Hand, gegen entzündliche Prozesse vorzugehen. Das Stichwort lautet „entzündungshemmende Ernährung" und den ersten Schritt in die richtige Richtung haben Sie mit diesem Buch getan.

Die sorgfältig ausgewählten Rezepte stellen zum einen Lebensmittel in den Vordergrund, die konkret für eine antientzündliche Wirkung bekannt sind, und meiden zum anderen berüchtigte Entzündungstreiber – immer mit dem Fokus auf unkomplizierte Umsetzbarkeit im Alltag und ohne Kompromisse beim Geschmack.

Damit haben Sie ein entscheidendes Instrument für Ihre Gesundheit in der Hand und um bei Tisch noch gezielter und auf Ihre Bedürfnisse abgestimmt im Dienste Ihres Wohlbefindens zu schlemmen, erfahren Sie zunächst kompakt und verständlich alles, was Sie über den Zusammenhang zwischen Ernährung und Entzündungen wissen müssen. Also machen Sie es sich noch einen Moment zur Lektüre gemütlich und finden Sie heraus, wie sich Genuss und Gesundheit ganz einfach unter einen Hut bringen lassen.

Wenn der Körper in Flammen steht

Rund um die Stelle, an der Sie sich vor einigen Tagen geschnitten haben, ist eine Rötung entstanden, der Finger ist leicht geschwollen, fühlt sich warm an, pocht womöglich sogar. Klassische Entzündungsreaktion – es sind Keime in die Wunde gelangt und Ihr Körper wirft seine Abwehrmaschinerie an. So weit, so gut und so alltäglich – genau wie die Entzündung im Hals bei einer Erkältung.

Zunächst einmal sind Entzündungsreaktionen etwas Positives, ja, sogar Überlebenswichtiges. Mit der Entzündung bekämpft Ihr Körper die Eindringlinge, verhindert, dass sie weiteren Schaden anrichten können, und sorgt außerdem dafür, dass das beschädigte Gewebe repariert werden kann. Zum Problem wird die Sache erst, wenn sie chronisch wird – und um besser zu verstehen, was dann im Körper passiert und wie Sie mit Ihrer Ernährung darauf Einfluss nehmen können, lohnt sich ein Blick auf den spannenden Prozess der Entzündungsreaktion.

Identifiziert der Körper entweder Erreger wie Viren oder Bakterien, Fremdkörper oder auch manche Chemikalien, schlägt er Alarm. Das passiert übrigens auch bei Verletzungen, bei denen die wenigsten Menschen an Entzündungen denken – nämlich solchen, die als mechanische Traumata bezeichnet werden, wie beispielsweise Knochenbrüche. Zwar müssen hier keine Eindringlinge abgewehrt werden, doch der Entzündungsprozess ist notwendig, damit sich das beschädigte Gewebe reparieren kann.

Nach dem Alarm durch die Immunabwehr schickt der Körper jede Menge neutrophile Granulozyten – eine Art von weißen Blutkörperchen, den häufigsten Blutzellen – zur betroffenen Stelle, die sich daran machen, die Eindringlinge unschädlich zu machen. Das tun sie, indem sie abtötende Substanzen freisetzen. Diese machen allerdings keinen Unterschied zwischen den feindlichen Zellen und körpereigenen Strukturen. Das heißt, auch das umliegende Gewebe wird angegriffen – was sich an der Entzündung dann gut erkennen lässt.

Anschließend rückt eine Armee sogenannter Fresszellen an, die als Aufräumtruppe fungieren und die abgetöteten Erreger beseitigen. Danach kann sich der Körper an den Wiederaufbau von neuem, gesundem Gewebe machen.

Die ganze Entzündungsreaktion ist also ein akuter, effizienter und zielgerichteter Prozess, der zuverlässig dafür sorgt, das körpereigene Gleichgewicht wiederherzustellen – und alles in allem eine wirklich tolle Leistung des Körpers.

Dieser Abwehrmechanismus hat jedoch auch eine Kehrseite: Geht er nicht wie geplant – also mit abschließender Bekämpfung und Regeneration – über die Bühne, wird er dem Körper selbst zum Feind. Dies ist dann der Fall, wenn eine Entzündung sich dauerhaft einnistet und das Gewebe oder auch Organe, Gelenke oder andere Strukturen des Körpers schwer schädigt.

Die entzündlichen Prozesse laufen dann fortwährend ab – enweder, weil es der Immunabwehr nicht gelingt, einen tatsächlichen Eindringling erfolgreich zu bekämpfen, oder im Zusammenhang mit Erkrankungen, bei denen chronische Entzündungen eine zentrale Rolle spielen.

Chronische, also immer wieder aufflammende Entzündungen sind eine der großen Plagen unserer Moderne. Schätzungen zufolge kämpfen etwa 10 % der deutschen Bevölkerung mit irgendeiner Form der chronisch-entzündlichen Erkrankung – teils in eher harmlosen Varianten, wie z. B. Schuppenflechte, Parodontitis oder Allergien, häufig jedoch geht es dabei auch um schwerwiegendere Erkrankungen, die mit Herz-Kreislauf-Erkrankungen, Krebs, Multipler Sklerose, Alzheimer & Co. in Verbindung stehen.

Auf der einen Seite finden sich dabei Autoimmunerkrankungen wie Rheuma oder Morbus Crohn: Hier identifiziert der Körper fälschlicherweise körpereigene Strukturen als feindliche Elemente, fährt die Immunabwehr hoch und greift sich selbst an. Das führt zu einer dauerhaften Entzündungsreaktion, denn das körpereigene Gewebe lässt sich schließlich nicht abschließend bekämpfen – so kommt der entzündliche Prozess zu keinem Abschluss.

Auf der anderen Seite stehen chronische Infektionen oder andere Entzündungen, die nicht durch eine Autoimmunreaktion ausgelöst werden, sondern durch Lifestyle-Faktoren wie dauerhaften Stress, schädliche Chemikalien, ungesunde Ernährung und Übergewicht.

Mittlerweile ist wissenschaftlich zweifelsfrei erwiesen, dass überschüssiges Fett, insbesondere im Bauchbereich, ununterbrochen verschiedene Stoffe wie etwa Hormone freisetzt, die eine dauerhafte, schwelende Entzündungsreaktion im Körper hervorrufen. Wer adipös ist, leidet deshalb auch ohne weitere daraus entwickelte Begleiterkrankungen bereits unter einer niedriggradigen, chronischen Entzündung – inklusive all ihrer negativen Konsequenzen.

Doch worin besteht eigentlich das Problem dauerhafter Entzündungen? Je nach Ursache und Manifestation sind die körperlichen, oft auch gesamtkörperlichen, Folgen ganz unterschiedlich – und auch unterschiedlich stark ausgeprägt. Zu den generellen Risiken gehört jedoch eine ganze Bandbreite an ernsthaften gesundheitlichen Konsequenzen wie Diabetes, chronische Infektionen, neurodegenerative Erkrankungen wie Alzheimer, Herz-Kreislauf- und Lungenerkrankungen und sogar Krebs. Auch Autoimmunerkrankungen können durch chronische Entzündungen erst ausgelöst werden.

Es ist also ganz offensichtlich: Dauerhafte Entzündungsvorgänge sollten um jeden Preis vermieden werden – und was Sie dagegen in der Hand haben, erfahren Sie als Nächstes.

Risikofaktoren stiller Entzündungen

Abseits von genetischer Veranlagung, konkreten Infektionen oder Krankheiten ist ein großer Teil der Bevölkerung vor allem von den stillen Entzündungen betroffen. In gewisser Hinsicht sind sie besonders tückisch, denn sie beginnen zunächst ganz unauffällig, schleichen sich ein und etablieren sich Schritt für Schritt im Körper – jedoch meist ohne klare Anzeichen.

Zu Beginn sind sie kaum bemerkbar und richten keinen wahrnehmbaren Schaden an. Sind sie länger aktiv, verursachen sie irgendwann zwar die ersten Beschwerden, doch diese sind zunächst noch leicht und vor allem so unspezifisch, dass bis zur klaren Diagnose jede Menge Zeit verstreichen kann.

Ein erstes Anzeichen ist oft gesteigerte Müdigkeit bzw. Abgeschlagenheit. Betroffene fühlen sich erschöpft, obwohl sie objektiv betrachtet nichts geleistet haben, was diese Erschöpfung begründen würde, und entwickeln etwa das Bedürfnis, sich auch tagsüber zwischendurch einmal hinzulegen – gerade solche Symptome werden dann erst einmal auf Stress geschoben.

Dazu kommt dann häufig eine erhöhte Infektanfälligkeit: Es kratzt öfter mal im Hals und gefühlt wird jede Erkältung im Büro aufgeschnappt. Doch auch hier schöpfen die meisten Menschen noch keinen konkreten Verdacht.

Weitere Anzeichen sind latente Muskel- oder Gelenkschmerzen, die sich aber nicht mit entsprechenden Überlastungen erklären lassen, Unregelmäßigkeiten in der Verdauung, Konzentrationsschwierigkeiten und in vielen Fällen auch Hautprobleme wie etwa Ausschläge oder Juckreiz.

Viele der Symptome ähneln denen eines leichten Infekts und werden deshalb lange darunter verbucht, anderes schiebt man auf Stress – und hier schließt sich nicht selten der Kreis. Denn Stress steht häufig selbst in Zusammenhang mit diesen stillen Entzündungen und ist als Entzündungstreiber bekannt. Wer dauerhafte Anspannung erlebt, reagiert mit der gesteigerten Produktion sogenannter proinflammatorischer Zytokine – also von Botenstoffen, die Entzündungen fördern.

Doch neben Stress gibt es noch eine Reihe weiterer Faktoren, die die Entstehung chronischer Entzündungen begünstigen oder auslösen können:

1 **Darmgesundheit**: Die entscheidende Rolle, die der Darm bei der Ganzkörpergesundheit, jedoch gerade auch im Hinblick auf Entzündungen spielt, ist in den letzten Jahren mehr und mehr in den Fokus der Medizin gerückt. Die immense Bedeutung eines gesunden, vielfältigen Darmmikrobioms für zahlreiche gesundheitliche Aspekte ist bekannt. Im Hinblick auf Entzündungen ist insbesondere ein Prozess interessant:

Herrscht im Darm ein Mangel an Milchsäurebakterien, entstehen vermehrt schädliche Fäulnisbakterien, die wiederum die Darmschleimhaut schädigen können und somit dazu führen, dass Bestandteile eben jener Fäulnisbakterien in den Blutkreislauf gelangen und dort letztlich zu Entzündungen führen.

2 **Umwelteinflüsse**: Gelangen schädliche Chemikalien oder bestimmte Metalle in den Körper, reagiert dieser mit Entgiftungsprozessen – absolut wünschenswert, doch dabei entstehen auch freie Sauerstoffradikale, die einen negativen Einfluss auf Entzündungsprozesse im Körper haben.

3 **Zu wenig Schlaf**: Es gibt bestimmte Gene, die proinflammatorische Wirkung haben – also Entzündungen fördern bzw. auslösen können. Schlafmangel aktiviert diese Gene – ausreichend Schlummer ist also unverzichtbar.

4 **Lifestyle**: Rauchen, Bewegungsmangel, Übergewicht und hoher Alkoholkonsum sind Faktoren, die Entzündungen begünstigen.

5 **Ernährung**: Eine ungesunde Ernährung mit vielen Aspekten, die typisch für moderne westliche Industriegesellschaften sind, ist ein starker Treiber für stille Entzündungen – was genau schadet und hilft, erfahren Sie im nächsten Kapitel.

Darauf kommt es an

Ob Schlaf, Stress oder Bewegungsmangel – gegen viele entzündungsbegünstigende Faktoren haben Sie so einiges in der Hand und eine ganz besondere Rolle kommt dabei der Ernährung zu. Was am besten täglich oder idealerweise nur höchst selten auf Ihrem Teller landen sollte, erfahren Sie in diesem Buch. Damit Sie jedoch auch abseits davon die besten Entscheidungen für Ihre Ernährungsgewohnheiten treffen können, erfahren Sie nun kompakt und verständlich, worauf es bei entzündungshemmender Ernährung wirklich ankommt.

Wenn es um den Zusammenhang zwischen chronischen Entzündungen und Ernährung geht, spielen zwei Dinge eine Rolle: Lebensmittel, die aktiv antientzündlich wirken und deshalb so oft wie möglich auf den Speiseplan gehören, und Lebensmittel, denen die Wissenschaft mittlerweile das Label „entzündungsfördernd" verpasst hat und deren Genuss allenfalls in Maßen erfolgen sollte.

Die wichtigsten Parameter einer entzündungshemmenden Ernährung lassen sich kurz und knapp zusammenfassen:

Möglichst wenig verarbeitete Lebensmittel, möglichst wenig Zucker, wenig Fleisch (insbesondere kein Schweinefleisch), nicht zu viele Kohlenhydrate – hingegen reichlich Obst und Gemüse, Gewürze und jede Menge Ballaststoffe.

Diese Faustregeln decken die entscheidenden Grundsätze gut ab, doch natürlich geht es noch deutlich genauer und gezielter.

Entzündungsfördernd und deshalb möglichst zu meiden sind:

× **Zu viel Fleisch**: Fleisch gilt als Entzündungstreiber, insbesondere Schweinefleisch. Darin sind viele Fettsäuren enthalten, die entzündungsfördernd wirken. Idealerweise landet Schwein deshalb überhaupt nicht auf dem Teller. Auch rotes Fleisch, verarbeitete Wurstwaren und Innereien haben hohes Entzündungspotenzial, denn darin steckt jede Menge Arachidonsäure, die Entzündungen begünstigt.

× **Verarbeitete bzw. frittierte Lebensmittel**: Sie enthalten oft viele Zusatzstoffe und ungesunde Transfette, die entzündliche Prozesse im Körper befeuern. Darüber hinaus weisen sie meist ein ungünstiges Nährstoffprofil mit zu viel Zucker, Fett und Salz auf – und kommen mit jeder Menge Kalorien daher, was wiederum die Entstehung von Übergewicht mit den bereits bekannten Folgen für Entzündungen begünstigt.

x **Bestimmte Öle**: Öle bzw. Fette sind unverzichtbare Lebensmittel, doch dabei kommt es auf die Auswahl an. Besonders interessant im Hinblick auf Entzündungen ist das Omega-Fettsäuren-Profil: Ein hoher Gehalt an Omega-6-Fettsäuren befeuert Entzündungen. Aus diesem Grund sollten Sie die Finger von Distel-, Sonnenblumen- und Traubenkernöl lassen und stattdessen zu Lein-, Oliven- oder Rapsöl greifen.

x **Weißmehl**: Das Getreide an sich ist nicht schädlich – ganz im Gegenteil, im vollen Korn stecken jede Menge Power und gesunde Nährstoffe. In der Weißmehlvariante sieht die Sache jedoch anders aus: Die Nährstoffe sind zum größten Teil entfernt – vor allem jedoch führt der Konsum zu starken Blutzuckerspitzen, die über die folgende hohe Insulinausschüttung Entzündungen befördern.

x **Zucker**: Auch Zucker lässt den Blutzucker in die Höhe schnellen – mit den gleichen Konsequenzen wie bei Weißmehl. Darüber hinaus schadet Zucker der Darmflora. Über den Zusammenhang zwischen Darmgesundheit und entzündlichen Prozessen wissen Sie bereits Bescheid – aus genau diesem Grund sollte Zucker so weit wie möglich reduziert werden.

Je nach Ihren bisherigen Ernährungsgewohnheiten kann der weitgehende Verzicht auf diese Lebensmittel eine erhebliche Umstellung bedeuten. Doch die Vorteile, von denen Sie dann profitieren, sind erheblich.

Und natürlich können Sie auch aus der anderen Richtung kommend an den Entzündungsfaktoren Ihrer Ernährung schrauben – denn genauso, wie bestimmte Lebensmittel die schädlichen Prozesse befeuern, gibt es auch regelrechte Feuerwehr-Lebensmittel, die aktiv und wirksam dabei unterstützen, entzündliche Prozesse einzudämmen. Und das Beste daran: Statt Verzicht steht dabei jede Menge Genuss im Vordergrund, denn hier reiht sich Leckerbissen an Leckerbissen.

Antientzündlich und deshalb möglichst häufig auf den Teller zu bringen sind:

✓ **Frisches Obst & Gemüse**: Ganz pauschal lässt sich sagen, dass eine Ernährung, die zu einem Großteil auf Gemüse und Obst basiert, Entzündungen optimal entgegenwirkt. Verantwortlich dafür ist ein bunter Strauß an sekundären Pflanzenstoffen, Antioxidantien, Vitaminen & vielem mehr – und der bunte Strauß darf dabei ruhig wörtlich verstanden werden: Je vielfältiger und abwechslungsreicher die Obst- und Gemüsezufuhr, desto besser.

Doch es gibt auch ein paar Anti-Entzündungs-Superstars, die ganz besonders hervorstechen, da sie erhebliche Mengen an bestimmten entzündungshemmenden Stoffen enthalten:

- **Ananas**: enthält Bromelain
- **Beeren & Kirschen**: enthalten Anthocyane
- **rote Paprika**: enthält sehr viel Vitamin C sowie Ballaststoffe
- **Brokkoli**: enthält Senfölglykosid (Sulforaphan)
- **Zwiebel- & Lauchgemüse**: enthalten Sulfide
- **Portulak**: enthält Omega-3-Fettsäuren, verschiedene Vitamine und Flavonoide

✓ **Ballaststoffe**: Entgegen ihres Namens sind diese Stoffe keineswegs lästiger Ballast für unseren Körper, sondern ganz im Gegenteil äußerst wertvolle Nahrungsbestandteile. Zum einen sind sie unverzichtbar für eine geregelte Verdauung, indem sie den Stuhl voluminöser und weicher machen, zum anderen spielen sie eine unverzichtbare Rolle für den Darm: Zwar können wir sie nicht „verdauen“ wie andere Lebensmittel – unsere Darmbakterien tun das aber sehr wohl. Für die Milliarden Helfer, die unser Darmmikrobiom bilden, sind Ballaststoffe unentbehrliche Nahrung und damit ein bedeutsamer Faktor für entzündungshemmende Ernährung.

✓ **Omega-3-Fettsäuren**: Diese sind seit einigen Jahren völlig zurecht in aller Munde, denn ihre gesundheitliche Wirkung auf den menschlichen Körper ist gar nicht hoch genug zu schätzen. Auch gegen Entzündungen tun die mehrfach gesättigten Fettsäuren einiges. Zu finden sind sie in Leinsamen, Hanf, Walnüssen und hochwertigen, daraus hergestellten Ölen. Außerdem sind fetter Seefisch wie Makrele und Lachs sowie verschiedene Mikroalgen eine wertvolle Quelle.

✓ **Gewürze**: Ihr Gewürzregal können Sie getrost als eine Art Apothekenschränkchen betrachten – denn hier lauert geballte Antientzündungs-Power. Besonders wirksam sind Kurkuma, Kreuzkümmel, Ingwer, Zimt, Chili und Grüner Tee.

Darüber hinaus punkten auch Kakao bzw. dunkle Schokolade und Rotwein dank enthaltener Polyphenole mit entzündungshemmenden Eigenschaften – sollten aber natürlich nur in Maßen genossen werden.

Wenn Sie sich an diese Grundlagen der Ernährung halten, sind Sie optimal aufgestellt, um entzündlichen Prozessen in Ihrem Körper auf natürliche, ganzheitliche und vor allem langfristig wirksame Weise entgegenzuwirken.

Zum Kinderspiel macht Ihnen die wertvolle Ernährung dieses Kochbuchs: Denn die Rezepte sind sorgfältig so ausgewählt, dass sie mit einer reichen Vielfalt an Lebensmitteln punkten, die genau die gewünschten Eigenschaften aufweisen – statt langer Rezeptsuche und mühsamer Recherche können Sie einfach den Rezeptteil aufschlagen, sich einen Leckerbissen heraussuchen und sich mit gutem Gewissen Richtung Gesundheit schlemmen.

Guten Appetit!

Saisonkalender

Die in frischem Obst und Gemüse enthaltenen sekundären Pflanzenstoffe, Antioxidantien und Vitamine wirken Entzündungen optimal entgegen. Je länger Obst und Gemüse jedoch lagert, desto mehr dieser wertvollen Nährstoffe werden durch enzymatische Reaktionen abgebaut. Mithilfe dieses Saisonkalenders wissen Sie immer, wann welche inländischen Lebensmittel besonders frisch und nährstoffreich sind, und können diese gezielt in Ihre Ernährung integrieren. Gleichzeitig kann so auch ein nachhaltiger und ressourcenschonender Ansatz verfolgt werden.

Früchte von weit her müssen jedoch nicht unbedingt eine schlechtere Klimabilanz aufweisen als inländische. So kann ein neuseeländischer Apfel im März eine bessere Klimabilanz aufweisen als ein hemischer, da letzterer bereits über Monate im Kühlhaus lagert. Kaufen Sie Früchte zu den angegebenen Saisonmonaten, sind Ihnen frische Ware und kurze Transportwege garantiert.

Gemüse	JAN	FEB	MRZ	APR	MAI	JUN	JUL	AUG	SEP	OKT	NOV	DEZ
Artischocke					x	x	x	x	x	x		
Aubergine						x	x	x	x	x		
Blumenkohl						x	x	x	x	x		
Bohnen							x	x	x	x		
Brokkoli						x	x	x	x	x		
Champignon	x	x	x	x	x	x	x	x	x	x	x	x
Erbsen						x	x	x				
Fenchel					x	x	x	x	x	x	x	
Frühlingszwiebel					x	x	x	x	x	x		
Grünkohl	x										x	x
Kartoffel						x	x	x	x	x		
Kohlrabi				x	x	x	x	x	x			
Kürbis							x	x	x	x		
Mais						x	x	x	x	x		

Gemüse	JAN	FEB	MRZ	APR	MAI	JUN	JUL	AUG	SEP	OKT	NOV	DEZ
Mangold					■	■	■	■	■	■		
Meerrettich	■	■									■	■
Möhre						■	■	■	■	■		
Pak Choi				■	■	■	■	■	■	■	■	
Paprika							■	■	■	■		
Pfifferling							■	■	■	■		
Porree								■	■	■	■	■
Radieschen				■	■	■	■					
Rosenkohl	■								■	■	■	■
Rote Bete	■	■	■						■	■	■	■
Rotkohl	■	■	■						■	■	■	■
Salatgurke					■	■	■	■				
Schalotte						■	■	■	■			
Spargel			■	■	■	■						
Spinat				■	■	■	■	■	■	■		
Spitzkohl					■	■	■	■	■	■		
Staudensellerie							■	■	■	■		
Steckrübe									■	■	■	■
Süßkartoffel	■	■	■	■	■	■	■	■	■	■	■	■
Tomate							■	■	■			
Weißkohl	■	■	■						■	■	■	■
Zucchini						■	■	■	■			
Zwiebel	■	■	■	■	■			■	■	■	■	■

Obst	JAN	FEB	MRZ	APR	MAI	JUN	JUL	AUG	SEP	OKT	NOV	DEZ
Apfel								●	●	●		
Aprikose						●	●	●	●			
Birne							●	●	●	●		
Brombeere							●	●	●	●		
Erdbeere					●	●	●					
Heidelbeere						●	●	●	●	●		
Himbeere						●	●	●				
Johannisbeere						●	●	●				
Kirsche						●	●	●	●			
Nektarine							●	●	●			
Pfirsich					●	●	●	●	●			
Pflaume						●	●	●	●	●		
Rhabarber			●	●	●	●	●					
Stachelbeere						●	●	●				
Weintraube								●	●	●	●	
Zwetschge							●	●	●	●		

Nüsse	JAN	FEB	MRZ	APR	MAI	JUN	JUL	AUG	SEP	OKT	NOV	DEZ
Haselnuss	●								●	●	●	●
Walnuss										●	●	●

Salat	JAN	FEB	MRZ	APR	MAI	JUN	JUL	AUG	SEP	OKT	NOV	DEZ
Bataviasalat					■	■	■	■	■			
Chicorée	■	■	■	■						■	■	■
Eisbergsalat						■	■	■	■			
Endiviensalat					■	■	■	■	■	■	■	■
Feldsalat	■	■	■							■	■	■
Kopfsalat						■	■	■	■			
Lollo Rosso				■	■	■	■	■				
Radicchio						■	■	■	■	■		
Romanasalat						■	■	■	■	■	■	

Kräuter	JAN	FEB	MRZ	APR	MAI	JUN	JUL	AUG	SEP	OKT	NOV	DEZ
Bärlauch			■	■	■							
Basilikum						■	■	■	■	■		
Dill						■	■	■				
Estragon						■	■					
Kerbel			■	■	■	■	■	■	■			
Kresse			■	■	■	■						
Minze	■	■	■	■	■	■	■	■	■	■	■	■
Oregano						■	■	■	■			
Petersilie						■	■	■	■	■		
Rosmarin						■	■	■	■			
Schnittlauch			■	■	■	■	■	■	■			
Thymian					■	■	■	■	■			

Frühstück

Hafer-Pilz-Omelett

3 Port. 20 Min. Leicht

Zutaten

125 g Haferflocken
2 EL Hirsemehl
3 große Bio-Eier
⅛ l Hafermilch
⅛ l Mineralwasser
1 Pck. braune Champignons
2 EL Kokosöl zum Ausbacken
etwas Salz & Pfeffer
ein paar Basilikumblätter

Nährwerte p. P.

350 kcal, 40 g kh, 20 g Fett, 12 g Eiweiß

1 Rühren Sie Haferflocken, Mehl, Eier, Milch und Mineralwasser glatt. Würzen Sie alles mit Salz und Pfeffer und lassen Sie die Masse ca. 15 Minuten aufquellen.

2 Putzen und schneiden Sie die Champignons in Scheiben.

3 Erhitzen Sie etwas Kokosöl in einer Pfanne und dünsten Sie die Pilze leicht darin an. Nehmen Sie die Pfanne vom Herd und stellen Sie sie beiseite.

4 Erhitzen Sie das restliche Öl und füllen Sie portionsweise den Teig ein. Warten Sie, bis sich das Omelett leicht vom Boden lösen lässt.

5 Belegen Sie eine Hälfte des Omeletts mit Champignons und schlagen Sie die andere Hälfte darüber.

6 Richten Sie das Omelett an und dekorieren Sie es mit ein paar Basilikumblättern.

Kokos-Mango-Chia-Pudding

4 Port. 15 Min. Leicht

Zutaten

250 ml Kokosmilch	
50 ml Reismilch	
1 TL Vanilleextrakt	
½ EL Honig	
70 g Chiasamen	
1 Mango	
2 TL Kokosflocken	
etwas Minze	

Nährwerte p. P.

268 kcal, 17 g kh,
17 g Fett, 4 g Eiweiß

1 Schälen Sie die Mango und schneiden Sie sie in Stücke. Pürieren Sie die eine Hälfte und füllen Sie das Püree in Dessertgläser.

2 Erwärmen Sie Kokosmilch und Reismilch in einem Topf und nehmen Sie ihn vom Herd. Rühren Sie Vanilleextrakt, Honig und Chiasamen ein und lassen Sie die Zutaten ca. 10 Minuten quellen. Füllen Sie den Chia-Pudding auch in die Dessertgläser und stellen Sie ihn kalt.

3 Geben Sie die Mangostücke auf den Pudding und garnieren Sie mit Minze und Kokosflocken.

Vollkorntoast mit Avocadocreme

4 Port. 10 Min. Leicht

Zutaten

1 Avocado
4 Scheiben Vollkorntoast
etwas Zitronensaft
etwas Salz
etwas Pfeffer
ein paar Sprossen

Nährwerte p. P.

197 kcal, 22 g kh,
10 g Fett, 11 g Eiweiß

1 Schneiden Sie die Avocado auf und entfernen Sie den Kern. Schaben Sie das Fruchtfleisch mit einem Löffel heraus. Sammeln Sie das Fruchtfleisch in einer kleinen Schale.

2 Zerdrücken Sie die Avocado mit einer Gabel, bis eine Creme entsteht. Geben Sie einen Spritzer Zitronensaft hinein.

3 Bestreichen Sie das Toast mit der Creme, geben Sie etwas Salz und Pfeffer darüber und streuen Sie ein paar Sprossen darüber.

Zimt-Porridge mit Nüssen

2 Port. 10 Min. Leicht

Zutaten

1 EL Walnüsse
1 Apfel
50 g zarte Haferflocken
250 ml Pflanzenmilch
1 Prise Salz
2 EL Walnussmehl
1 EL Zimt

Nährwerte p. P.

300 kcal, 35 g kh,
15 g Fett, 8 g Eiweiß

1 Rösten Sie die Walnüsse in einer Pfanne etwas an. Schneiden Sie den Apfel in Scheiben.

2 Erhitzen Sie Milch, Mehl und Salz in einem kleinen Topf und geben Sie die Haferflocken hinzu. Lassen Sie alles etwa 3 Minuten köcheln. Richten Sie den Brei in Schüsseln an und geben Sie Zimt darüber.

3 Garnieren Sie das Gericht mit Walnüssen und Apfelscheiben.

Beeren-Müsli

4 Port. 35 Min. Leicht

Zutaten

2 Bananen
30 g Walnüsse
30 g Mandeln, ganz
140 g Haferflocken
1 EL Ahornsirup
1 EL Kokosöl
100 g Heidelbeeren
100 g Himbeeren
15 g Minze
1 kg Kokosjoghurt

Nährwerte p. P.

352 kcal, 46 g kh,
13 g Fett, 10 g Eiweiß

1 Backofen auf 200 °C Ober-/Unterhitze vorheizen. Bananen schälen und mit einer Gabel zerdrücken. Walnüsse und Mandeln fein hacken.

2 Walnüsse, Mandeln, Haferflocken, Ahornsirup und Kokosöl zum Bananenmus geben und alles gut vermischen.

3 Mischung gleichmäßig auf einem mit Backpapier ausgelegten Backblech verteilen und ca. 15 Minuten backen.

4 Masse wenden, mit einer Gabel zerbröseln und für weitere 15 Minuten knusprig backen.

5 Beeren und Minze waschen, trocken schütteln und Blätter von den Stielen zupfen.

6 Granola vorsichtig aus dem Backofen nehmen und etwa 15 Minuten abkühlen lassen.

7 Kokosjoghurt auf 4 Schüsseln verteilen, Granola und Beeren darauf anrichten und alles mit Minze garnieren.

Drachenfrucht-Bowl

2 Port. 10 Min. Leicht

Zutaten

1 große rote Drachenfrucht
40 g rote Johannisbeeren
40 g Granatapfelkerne
2 TL Chiasamen
1-2 TL Zitronen- oder Limettensaft
2-4 EL stilles Wasser (nach Bedarf)
einige frische Minzblätter

Nährwerte p. P.

180 kcal, 30 g kh,
5 g Fett, 3 g Eiweiß

1 Halbieren Sie die Drachenfrucht der Länge nach. Lösen Sie das Fruchtfleisch vorsichtig mit einem Löffel aus beiden Hälften und lassen Sie dabei einen schmalen Rand stehen, sodass die Schalen später als Bowl verwendet werden können. Geben Sie das Fruchtfleisch in einen Mixer.

2 Fügen Sie jeweils die Hälfte der Johannisbeeren sowie der Granatapfelkerne hinzu. Geben Sie Zitronen- oder Limettensaft dazu und mixen Sie alles zu einer fein-cremigen Masse. Falls erforderlich, geben Sie esslöffelweise Wasser hinzu, bis eine dickflüssige Smoothie-Konsistenz erreicht ist.

3 Füllen Sie den Smoothie gleichmäßig in die Drachenfruchtschalen. Verteilen Sie die restlichen Johannisbeeren und Granatapfelkerne auf der Oberfläche.

4 Bestreuen Sie die Bowls mit Chiasamen. Waschen Sie die Minzblätter, tupfen Sie sie trocken und garnieren Sie die Bowls damit.

Kichererbsen-Spinat-Pancakes

6 Port. 20 Min. Leicht

Zutaten

- 300 g Kichererbsenmehl
- 100 g Blattspinat
- 1 TL Salz
- 500 ml Wasser
- 5 EL Olivenöl
- Frühlingszwiebeln zum Garnieren

Nährwerte p. P.

180 kcal, 24 g kh,
3 g Fett, 11 g Eiweiß

1 Waschen Sie den Spinat und hacken Sie ihn fein.

2 Vermischen Sie alle Zutaten, bis auf das Olivenöl, zu einem glatten Teig.

3 Erhitzen Sie das Olivenöl in einer beschichteten Pfanne und backen Sie die Pancakes nacheinander aus.

4 Garnieren Sie sie mit frischen Frühlingszwiebeln.

Quinoa-Frühstückssalat

2 Port. 20 Min. Leicht

Zutaten

500 g griechischer Joghurt, natur
2 EL Akazienhonig
200 g Heidelbeeren

Nährwerte p. P.

330 kcal, 35 g kh,
18 g Fett, 6 g Eiweiß

1 Spülen Sie die Quinoa in einem feinen Sieb unter heißem Wasser gründlich ab, um Bitterstoffe zu entfernen. Geben Sie die Quinoa mit dem Wasser in einen Topf, bringen Sie sie zum Kochen und lassen Sie sie bei niedriger Hitze 12-15 Minuten sanft köcheln, bis die Flüssigkeit vollständig aufgenommen ist. Lockern Sie die Quinoa mit einer Gabel auf und lassen Sie sie kurz abkühlen.

2 Waschen Sie die Tomate, entfernen Sie den Strunk und schneiden Sie sie in kleine Würfel.

3 Geben Sie die Quinoa in eine Schüssel. Fügen Sie Tomatenwürfel, Granatapfelkerne und gehackte Kräuter hinzu.

4 Vermengen Sie Olivenöl und Zitronensaft und geben Sie das Dressing über den Salat. Würzen Sie alles mit Salz und optional Kreuzkümmel oder Pfeffer. Mischen Sie den Salat vorsichtig durch.

5 Servieren Sie den Quinoa-Frühstückssalat lauwarm oder kalt.

Antioxidantien-Bowl

1 Port. 10 Min. Leicht

Zutaten

- 2 reife Bananen
- 2 Kiwis
- 1 Handvoll frischer Spinat oder Grünkohl
- 3-4 Erdbeeren
- 200 ml ungesüßte Mandelmilch (alternativ Hafer- oder Kokosdrink)
- 1 EL Chiasamen
- optional: ½ TL frisch geriebener Ingwer oder Kurkuma

Nährwerte p. P.

320 kcal, 45 g kh,
9 g Fett, 7 g Eiweiß

1 Schälen Sie eine Banane sowie eine Kiwi und schneiden Sie beides grob. Waschen Sie den Spinat gründlich. Geben Sie Banane, Kiwi, Spinat und Pflanzenmilch in einen Mixer und pürieren Sie alles zu einer glatten, cremigen Masse.

2 Füllen Sie die grüne Basis in eine Schale. Schneiden Sie die zweite Banane und die zweite Kiwi in Scheiben. Waschen Sie die Erdbeeren, entfernen Sie den Strunk und schneiden Sie sie ebenfalls in Scheiben.

3 Belegen Sie die Bowl streifenweise mit Bananen-, Kiwi- und Erdbeerscheiben. Streuen Sie die Chiasamen darüber und ergänzen Sie nach Wunsch Ingwer oder Kurkuma.

Brote & Aufstriche

Vollkornbrot

12 Port. 70 Min. Leicht

Zutaten

500 g Dinkelvollkornmehl
150 g Kerne, z. B. Sonnenblumenkerne, Leinsamen, Kürbiskerne
½ l Wasser
1 Würfel Hefe
2 TL Salz
2 EL Obstessig
ein paar Saaten für die Kruste

Nährwerte p. P.

215 kcal, 30 g kh,
7 g Fett, 9 g Eiweiß

1 Mischen Sie alle Zutaten außer die Saaten und verarbeiten Sie sie mit dem Knethaken des Rührgeräts zu einem Teig. Dieser ist relativ flüssig.

2 Legen Sie eine Kastenform mit Backpapier aus.

3 Füllen Sie den Teig hinein und bestreuen Sie das Brot mit Saaten.

4 Stellen Sie das Brot in den kalten Backofen und backen Sie es bei 200 °C Ober-/Unterhitze etwa 1 Stunde.

Dinkelbrot ohne Hefe

12 Port. 60 Min. Leicht

Zutaten

250 g Dinkel-Vollkornmehl
350 g Dinkelmehl, Typ 630
2 TL Backpulver
1 TL Brotgewürz
3 EL Chiasamen
1 TL Salz
450 g Magerquark
4 EL Kokosöl
3 EL Wasser bei Bedarf

Nährwerte p. P.

253 kcal, 36 g kh,
6,5 g Fett, 11 g Eiweiß

1 Geben Sie alle trockenen Zutaten in eine Schüssel und vermischen Sie sie. Geben Sie den Quark und das Öl sowie Wasser bei Bedarf hinzu und verkneten Sie alles mit den Knethaken des Rührgeräts, bis ein geschmeidiger Teig entsteht.

2 Formen Sie aus dem Teig einen Laib und legen Sie ihn auf ein mit Backpapier ausgelegtes Backblech.

3 Füllen Sie eine hitzebeständige Schüssel mit Wasser und stellen Sie sie neben das Brot in den Backofen.

4 Backen Sie das Brot bei 200 °C Ober-/Unterhitze etwa 45 Minuten.

Karotten-Eiweißbrot

12 Port. 90 Min. Leicht

Zutaten

- 2 Karotten
- 250 g Magerquark
- 4 Bio-Eier
- 150 g gemahlene Mandeln
- 150 g Leinsamen
- 2 EL Sojamehl
- 4 EL Schmelzflocken
- 1 Pck. Backpulver
- 4 EL Sonnenblumenkerne
- ½ TL Brotgewürz
- 1 TL Salz

Nährwerte p. P.

290 kcal, 9 g kh,
20 g Fett, 17 g Eiweiß

1 Heizen Sie den Backofen auf 150 °C Umluft vor. Legen Sie eine Backform mit Backpapier aus.

2 Putzen und schälen Sie die Karotten. Raspeln Sie sie fein. Vermischen Sie Quark und Eier mit einem Handrührgerät.

3 Mandeln, Leinsamen, Sojamehl, Schmelzflocken, Sonnenblumenkerne, Backpulver und Karottenraspel unter die Quarkmasse rühren.

4 Würzen Sie den Teig mit Salz und Brotgewürz.

5 Geben Sie den Teig in die Backform und streichen Sie ihn glatt. Backen Sie das Brot auf mittlerer Schiene ca. 80 Minuten.

Haferflockenbrot

12 Port. 80 Min. Leicht

Zutaten

250 g Dinkelmehl Typ 630
100 g Dinkelvollkornmehl
100 g Hafermehl
150 g zarte Haferflocken
1 Pck. Trockenhefe
9 g Salz
450 ml lauwarmes Wasser
20 g Haferflocken zum Bestreuen

Nährwerte p. P.

285 kcal, 55 g kh,
3,5 g Fett, 9 g Eiweiß

1 Mischen Sie alle Mehlsorten, Haferflocken und Trockenhefe in einer großen Schüssel. Geben Sie Salz und Wasser hinzu. Verkneten Sie alles einige Minuten zu einem klebrigen Teig.

2 Fetten Sie eine Kastenform aus und bestreuen Sie sie mit 10 g Haferflocken. Geben Sie den Teig in die Form und bestreuen Sie ihn mit den restlichen Haferflocken. Lassen Sie den Teig zugedeckt etwa 20 Minuten an einem warmen Ort gehen.

3 Schieben Sie das Brot in den kalten Ofen und stellen Sie ihn auf 195 °C Ober-/Unterhitze. Sobald die Backtemperatur erreicht ist, stellen Sie eine hitzebeständige Schüssel mit Wasser in den Backofen.

4 Backen Sie das Brot ca. 45 Minuten. Decken Sie es nach etwa 30 Minuten mit Alufolie ab, damit es nicht zu dunkel wird.

Kartoffelbrot

1 Port. 60 Min. Leicht

Zutaten

- 400 g Kartoffeln
- 100 ml heißes Wasser
- 400 g Dinkelmehl
- 1 Pck. Trockenhefe
- 1 TL Salz
- 1 Bio-Ei
- 1 TL Kurkuma
- 1 TL Sonnenblumenkerne

Nährwerte p. P.

215 kcal, 40 g kh,
2,5 g Fett, 7 g Eiweiß

1 Vermischen Sie das Mehl mit Trockenhefe. Schälen Sie die Kartoffeln und reiben Sie sie fein. Gießen Sie heißes Wasser über die Kartoffeln und lassen Sie sie 5 Minuten stehen.

2 Fügen Sie das Ei und die Kartoffelmasse zur Mehlmischung. Geben Sie Salz und Kurkuma dazu. Kneten Sie den Teig gut durch und lassen Sie ihn zugedeckt etwa 30 Minuten an einem warmen Ort gehen.

3 Heizen Sie den Backofen auf 225 °C Ober-/Unterhitze vor. Kneten Sie den Teig auf einer bemehlten Arbeitsfläche noch einmal gut durch und formen Sie ihn zu einem Brotlaib.

4 Legen Sie den Laib auf ein mit Backpapier ausgelegtes Backblech, streuen Sie die Sonnenblumenkerne darüber und backen Sie das Brot ca. 20 Minuten im Ofen.

Kürbiskern-Röstbrot

12 Port. 90 Min. Leicht

Zutaten

- 250 g Dinkelvollkornmehl
- 100 g Roggenvollkornmehl
- 80 g Kürbiskerne
- 30 g Sonnenblumenkerne
- 1 Päckchen Trockenhefe
- 1 TL Salz
- 1 TL Apfelessig
- 2 EL Olivenöl
- ca. 350 ml lauwarmes Wasser

Nährwerte p. P.

170 kcal, 22 g kh,
7 g Fett, 6 g Eiweiß

1 Dinkel- und Roggenvollkornmehl mit Trockenhefe und Salz in einer Schüssel vermischen.

2 Kürbiskerne und Sonnenblumenkerne dazugeben. Olivenöl und Apfelessig einrühren. Lauwarmes Wasser nach und nach dazugießen und alles zu einem gleichmäßigen, zähflüssigen Teig verrühren. Kneten ist nicht erforderlich, ein kräftiges Vermengen mit einem Löffel genügt.

3 Schüssel abdecken und Teig an einem warmen Ort etwa 30 Minuten ruhen lassen, bis er sichtbar aufgegangen ist.

4 Eine Kastenform mit Backpapier auslegen. Teig in die Form füllen und Oberfläche glattstreichen. Nach Wunsch einige zusätzliche Kürbiskerne darüberstreuen und leicht andrücken.

5 Brot im vorgeheizten Ofen bei 180 °C Ober-/Unterhitze 55-60 Minuten backen. Brot aus der Form nehmen und auf einem Gitter vollständig auskühlen lassen.

Buchweizen-Sauerteigbrot

12 Port. 70 Min. Leicht

Zutaten

- 300 g Buchweizenmehl
- 100 g aktiver Buchweizen-Sauerteig
- 10 g Salz
- 1 EL Apfelessig
- 2 EL Olivenöl
- ca. 380 ml lauwarmes Wasser
- 2 EL Leinsamen (ganz oder geschrotet, zum Bestreuen)

Nährwerte p. P.

150 kcal, 23 g kh, 4 g Fett, 5 g Eiweiß

1 Geben Sie das Buchweizenmehl in eine große Schüssel, fügen Sie aktiven Sauerteig und Salz hinzu und vermengen Sie die Zutaten gründlich.

2 Geben Sie Apfelessig und Olivenöl dazu. Gießen Sie das lauwarme Wasser nach und nach ein und verrühren Sie alles mit einem Löffel zu einem zähflüssigen, homogenen Teig. Kneten ist nicht erforderlich.

3 Decken Sie die Schüssel ab und lassen Sie den Teig an einem warmen Ort 6-8 Stunden ruhen, bis er sichtbar aufgegangen ist und eine lockere Struktur zeigt.

4 Legen Sie eine Kastenform mit Backpapier aus, füllen Sie den Teig in die Form und streichen Sie die Oberfläche glatt. Bestreuen Sie den Teig mit Leinsamen und drücken Sie diese leicht an.

5 Backen Sie das Brot im vorgeheizten Ofen bei 180 °C Ober-/Unterhitze ca. 60 Minuten. Nehmen Sie das Brot aus der Form und lassen Sie es auf einem Gitter vollständig auskühlen.

Cashew-Kräuter-Creme

4 Port. 10 Min. Leicht

Zutaten

- 150 g Cashewkerne (natur, ungeröstet)
- ca. 120 ml Wasser (nach Bedarf)
- 1 EL Zitronensaft
- 1 EL Olivenöl extra vergine
- 1 kleine Knoblauchzehe
- 1-2 EL frisch gehackte Kräuter (z. B. Thymian, Rosmarin, Schnittlauch)
- Salz nach Geschmack
- optional: eine Prise weißer Pfeffer

Nährwerte p. P.

140 kcal, 6 g kh,
11 g Fett, 4 g Eiweiß

1 Geben Sie die Cashewkerne in eine Schüssel und übergießen Sie sie mit reichlich Wasser. Lassen Sie die Kerne mindestens 4 Stunden einweichen. Gießen Sie das Einweichwasser ab und spülen Sie die Cashews kurz ab.

2 Geben Sie die Cashewkerne mit Zitronensaft, Olivenöl und der Hälfte des Wassers in einen Mixer und mixen Sie die Zutaten zu einer glatten, cremigen Masse. Fügen Sie schrittweise weiteres Wasser hinzu, bis eine streichfähige Frischkäse-Konsistenz erreicht ist.

3 Schälen Sie den Knoblauch, hacken Sie ihn fein und geben Sie ihn zur Creme. Fügen Sie die gehackten Kräuter hinzu und würzen Sie die Mischung mit Salz und optional Pfeffer. Mixen Sie alles, bis sich die Kräuter gleichmäßig verteilt haben.

4 Füllen Sie die Cashew-Kräuter-Creme in eine Schale und lassen Sie sie vor dem Servieren nach Wunsch kurz durchziehen.

Dattel-Aufstrich

4 Port. 15 Min. Leicht

Zutaten

150 g Datteln, entsteint
80 g Haselnüsse
2-3 EL Wasser
1 TL Kakaopulver
1 Prise Salz
½ TL Zimt

Nährwerte p. P.

60 kcal, 10 g kh,
2 g Fett, 1 g Eiweiß

1 Rösten Sie die Haselnüsse in einer Pfanne ohne Fett oder im Ofen bei 180 °C Umluft für etwa 8-10 Minuten, bis sie duften. Anschließend etwas abkühlen lassen und ggf. die Schale abreiben.

2 Falls die Datteln sehr trocken sind, legen Sie sie für ca. 10 Minuten in warmes Wasser ein.

3 Geben Sie die Haselnüsse in einen leistungsstarken Mixer und mahlen Sie sie fein. Fügen Sie Datteln, Wasser, Salz, Kakao und Zimt hinzu. Mixen Sie so lange, bis eine cremige Paste entsteht.

4 Den Aufstrich in ein sauberes Schraubglas füllen und im Kühlschrank aufbewahren. Er hält sich dort ca. 1-2 Wochen.

Ingwer-Kresse-Aufstrich

4 Port. 10 Min. Leicht

Zutaten

1 Kästchen Kresse
1 kl. Stück Bio-Ingwer
100 g Frischkäse
100 g Hüttenkäse
½ TL flüssiger Honig
etwas Salz
etwas Pfeffer

Nährwerte p. P.

120 kcal, 8 g kh,
7 g Fett, 12 g Eiweiß

1 Waschen Sie den Ingwer und reiben Sie ihn fein. Ernten Sie die Kresse.

2 Vermengen Sie alle Zutaten und würzen Sie den Aufstrich mit Honig, Salz und Pfeffer.

Rohkost-Himbeermarmelade

6 Port. 15 Min. Leicht

Zutaten

- 250 g Himbeeren
- 2 EL gemahlene Flohsamenschalen
- 1 EL Ahornsirup
- 2 EL Zitronensaft
- 1 Prise Salz

Nährwerte p. P.

29 kcal, 4 g kh,
0 g Fett, 1 g Eiweiß

1 Waschen Sie die Himbeeren und lassen Sie sie in einem Sieb gut abtropfen.

2 Geben Sie alle Zutaten in den Mixer und pürieren Sie sie cremig.

3 Lassen Sie alles ca. 10 Minuten quellen.

Quark-Lachs-Aufstrich

4 Port. 15 Min. Leicht

Zutaten

½ Orange, Bio
100 g Lachsfilet
etwas Salz
1-2 cm Ingwer
100 g Magerquark
3 EL Leinöl
etwas Pfeffer
etwas frischer Dill zum Dekorieren

Nährwerte p. P.

389 kcal, 6 g kh, 34 g Fett, 13 g Eiweiß

1 Waschen Sie die Orange und trocknen Sie sie ab. Reiben Sie die Schale ab und pressen Sie den Saft aus.

2 Schneiden Sie den Lachs in kleine Stücke und salzen Sie ihn. Kochen Sie den Orangensaft auf und dünsten Sie den Lachs ca. 2 Minuten darin.

3 Schälen Sie den Ingwer und hacken Sie ihn fein. Waschen Sie den Dill und schütteln Sie ihn trocken. Zupfen Sie die Blättchen ab.

4 Vermengen Sie den abgekühlten Lachs mit Quark und Öl. Schmecken Sie die Creme mit Salz und Pfeffer ab. Pürieren Sie die Masse mit Orangenschale und Ingwer zu einer Creme.

5 Bestreuen Sie den Aufstrich mit frischem Dill.

Rote-Beete-Aufstrich

8 Port. 25 Min. Leicht

Zutaten

125 ml Wasser, heiß	
100 g Süßlupinen, geschrotet	
2 EL Tahin (Sesampaste)	
4 EL Olivenöl	
1 TL Zitronensaft	
1 Prise Salz	
1 Prise Pfeffer	
1 TL Sahne-Meerrettich	
1 Knolle Rote Beete, gegart	

Nährwerte p. P.

143 kcal, 5 g kh,
12 g Fett, 5 g Eiweiß

1 Geben Sie die Süßlupinen in das Wasser und lassen Sie sie darin je nach Packungsanweisung rund 20 Minuten quellen.

2 Geben Sie die eingeweichten Süßlupinen in einen Standmixer und pürieren Sie sie darin.

3 Fügen Sie die übrigen Zutaten hinzu und pürieren Sie das Ganze zu einer homogenen Masse.

4 Lagern Sie den Aufstrich im Kühlschrank und verbrauchen Sie ihn innerhalb von 3 bis 4 Tagen.

Suppen

Spinatsuppe

4 Port. 20 Min. Leicht

Zutaten

- 10 g frische Petersilie
- 1 Prise Kurkuma
- 10 g frisches Basilikum
- 250 g frischer Blattspinat
- 1 Handvoll Rucola
- 400 g Kokosmilch
- 150 g Kartoffeln
- 600 ml Gemüsebrühe
- 1 Zwiebel
- 1 Prise Chiliflocken
- etwas Salz & Pfeffer
- 1 Prise Muskatnuss
- 1 EL Kokosöl

Nährwerte p. P.

400 kcal, 10 g kh,
35 g Fett, 30 g Eiweiß

1 Schälen Sie Zwiebel und Kartoffeln und schneiden Sie alles klein. Braten Sie die Zutaten in Kokosöl an.

2 Waschen Sie den Spinat sowie den Rucola und geben Sie beides nach etwa 3 Minuten zu den Kartoffeln und Zwiebeln. Braten Sie es etwa 2 Minuten mit und gießen Sie alles mit Gemüsebrühe und Kokosmilch auf.

3 Fügen Sie Petersilie, Kurkuma, Muskat, Chiliflocken und Basilikum hinzu und würzen Sie mit Salz und Pfeffer nach Geschmack. Lassen Sie alles ca. 10 Minuten köcheln.

4 Pürieren Sie die Suppe.

5 Richten Sie die Suppe in einem tiefen Teller an.

Gemüse-Kurkuma-Suppe

8 Port. 30 Min. Leicht

Zutaten

½ Zwiebel
2 Knoblauchzehen
2 cm Ingwer
1 TL Kurkumapulver
1½ l Wasser
3 Kartoffeln
1 Dose Erbsen
1 Paprika
200 g Bohnen
3 Karotten
Saft einer Zitrone
200 ml Kokosmilch
etwas Salz & Pfeffer
etwas Petersilie

Nährwerte p. P.

120 kcal, 25 g kh,
6 g Fett, 4 g Eiweiß

1 Schälen Sie Zwiebel, Kartoffeln, Karotten und Knoblauch und schneiden Sie alles klein. Putzen Sie Paprika und Bohnen und schneiden Sie sie ebenfalls klein. Die Erbsen lassen Sie abtropfen. Dünsten Sie alles in ein wenig Wasser an.

2 Geben Sie das Wasser hinzu und fügen Sie den Ingwer hinzu. Lassen Sie alles kochen, bis alle Zutaten weich sind.

3 Gießen Sie Kokosmilch und Zitronensaft hinzu und schmecken Sie alles mit etwas Salz und Pfeffer ab. Rühren Sie das Kurkumapulver ein.

4 Waschen Sie die Petersilie und schütteln Sie sie trocken. Hacken Sie sie fein.

5 Richten Sie die Suppe in einem tiefen Teller an und dekorieren Sie sie mit Petersilie.

Kohlrabi-Suppe

4 Port. 30 Min. Leicht

Zutaten

- 750 g Kohlrabi
- 30 g frischer Ingwer
- 1 Chilischote
- ½ TL Currypulver
- 1 EL Kokosöl
- 2 EL Quinoa
- 150 ml Sojasahne
- 300 ml Gemüsebrühe
- etwas Salz
- etwas Pfeffer
- etwas Petersilie zum Dekorieren

Nährwerte p. P.

200 kcal, 22 g kh,
8 g Fett, 7 g Eiweiß

1 Schneiden Sie vom Kohlrabi die Blätter und die Stängel weg. Spülen Sie den Kohlrabi ab, schälen Sie ihn und schneiden Sie ihn in Stifte.

2 Schaben Sie die Haut des Ingwers mit einem scharfen Messer ab und hacken Sie ihn fein.

3 Spülen Sie die Chili ab und tupfen Sie sie trocken. Halbieren, entkernen und hacken Sie sie.

4 Dünsten Sie Ingwer, Chili und Curry in Kokosöl kurz an. Geben Sie die restlichen Zutaten, bis auf die Petersilie, hinzu und kochen Sie alles auf. Lassen Sie die Zutaten zugedeckt etwa 20 Minuten köcheln.

5 Schmecken Sie die Suppe mit Salz und Pfeffer ab.

6 Waschen Sie die Petersilie und schütteln Sie sie trocken. Hacken Sie sie grob.

7 Richten Sie die Suppe an und dekorieren Sie sie mit Petersilie.

Blumenkohl-Suppe

4 Port. 40 Min. Leicht

Zutaten

700 g Blumenkohl
1 Schalotte
2 EL Butter
1 EL Mehl
900 ml Gemüsebrühe
etwas Salz
etwas Pfeffer
200 ml Milch
½ Bund Schnittlauch zum Dekorieren

Nährwerte p. P.

299 kcal, 11 g kh,
25 g Fett, 9 g Eiweiß

1 Putzen Sie den Blumenkohl, waschen Sie ihn und lassen Sie ihn gut abtropfen. Schneiden Sie die Röschen und den Stiel klein.

2 Schälen Sie die Schalotte und hacken Sie sie fein. Schwitzen Sie sie in einem Topf mit zerlassener Butter an.

3 Geben Sie den Blumenkohl hinzu und bestäuben Sie ihn mit Mehl. Lassen Sie ihn etwas Farbe annehmen und würzen Sie ihn mit Salz und Pfeffer. Füllen Sie die Gemüsebrühe hinzu. Lassen Sie die Röschen ca. 25 Minuten köcheln.

4 Pürieren Sie die Mischung mit einem Pürierstab fein. Rühren Sie die Milch unter und lassen Sie die Suppe erneut aufkochen.

5 Waschen Sie den Schnittlauch und schütteln Sie ihn trocken. Hacken Sie ihn in feine Röllchen und garnieren Sie damit die Suppe.

Hühnersuppe

4 Port. 35 Min. Leicht

Zutaten

2 Hähnchenbrustfilets
1 EL Olivenöl
1 Zwiebel
2 Karotten
3 Knoblauchzehen
1 EL frisch geriebener Ingwer
1 TL Kurkumapulver
1½ l Hühnerbrühe
1 TL Salz
½ TL gemahlener Pfeffer
etwas gehackte Petersilie zum Dekorieren

Nährwerte p. P.

180 kcal, 12 g kh, 7 g Fett, 25 g Eiweiß

1 Schneiden Sie die Hähnchenbrustfilets in mundgerechte Stücke. Schälen Sie Karotten, Zwiebeln und Knoblauch und schneiden Sie alles klein.

2 Erhitzen Sie in einem großen Topf das Öl, geben Sie die geschnittenen Zutaten, bis auf das Hähnchen, hinzu und lassen Sie alles ca. 5 Minuten anbraten.

3 Fügen Sie Ingwer und Kurkuma hinzu und gießen Sie alles mit Brühe auf.

4 Geben Sie das Hähnchenfleisch hinein und lassen Sie alles ca. 20 Minuten köcheln.

5 Waschen und trocknen Sie die Petersilie und hacken Sie sie fein.

6 Schmecken Sie die Suppe mit Salz und Pfeffer ab.

7 Richten Sie sie in einer Suppenschüssel an und garnieren Sie sie mit Petersilie.

Karottencremesuppe

2 Port. 30 Min. Leicht

Zutaten

1 Zwiebel	
15 Karotten	
3 Kartoffeln	
1 EL Kokosöl	
150 ml Gemüsebrühe	
1 Prise Salz	
1 Prise Pfeffer	
etwas Karottengrün zum Dekorieren	

Nährwerte p. P.

433 kcal, 74 g kh,
16 g Fett, 9 g Eiweiß

1 Schälen Sie Karotten, Kartoffeln und Zwiebel und schneiden Sie alles klein.

2 Lassen Sie in einem Topf Öl heiß werden und schwitzen Sie die Zwiebelstücke an. Löschen Sie sie mit Gemüsebrühe ab.

3 Geben Sie Karotten und Kartoffeln hinzu und lassen Sie alles ca. 20 Minuten weich kochen.

4 Pürieren Sie die Suppe mit einem Pürierstab.

5 Waschen Sie das Karottengrün und schütteln Sie es trocken. Hacken Sie es grob.

6 Schmecken Sie die Suppe mit Salz und Pfeffer ab und dekorieren Sie sie mit etwas Karottengrün.

Grünkohlsuppe

4 Port. 45 Min. Leicht

Zutaten

500 g frischer Grünkohl
450 g Kartoffeln
2 Zwiebeln
½ Sellerie
1 EL Kokosöl
1,2 l Gemüsebrühe
1 TL mittelscharfer Senf
100 ml Pflanzencreme, z. B. Sojacreme
2 EL Vollkornmehl
etwas Muskatnuss
etwas Salz & Pfeffer
einige Grünkohlblätter

Nährwerte p. P.

326 kcal, 41 g kh,
10 g Fett, 12 g Eiweiß

1 Waschen und putzen Sie den Grünkohl. Schneiden Sie ihn klein. Schälen Sie die Kartoffeln und schneiden Sie sie in Würfel. Schälen Sie die Zwiebeln und würfeln Sie sie fein. Putzen Sie den Sellerie und würfeln Sie ihn ebenfalls klein.

2 Erhitzen Sie Öl in einem Topf und dünsten Sie die Zwiebeln kurz an. Geben Sie die Kartoffel- und Selleriewürfel hinzu und rösten Sie sie kurz mit. Fügen Sie den Grünkohl hinzu und dünsten Sie diesen 2 Minuten. Gießen Sie die Brühe auf und rühren Sie den Senf ein. Lassen Sie alles ca. 25 Minuten köcheln.

3 Pürieren Sie die Suppe und gießen Sie die Pflanzencreme und das Mehl hinein. Pürieren Sie sie noch einmal und schmecken Sie sie mit Salz, Pfeffer und Muskatnuss ab.

4 Dekorieren Sie die Suppe mit ein paar Grünkohlblättern.

Kürbissuppe

4 Port. 35 Min. Leicht

Zutaten

- 1 Hokkaido-Kürbis
- 2 Kartoffeln
- 2 Zwiebeln
- 1 Knoblauchzehe
- 2 EL Butter
- 1 l Gemüsebrühe
- 50 ml Sahne
- etwas Salz
- etwas Pfeffer
- etwas geriebene Muskatnuss
- etwas Petersilie zum Dekorieren

Nährwerte p. P.

428 kcal, 57 g kh,
14 g Fett, 10 g Eiweiß

1 Kürbis waschen, entstielen, entkernen und Fruchtfleisch in grobe Stücke schneiden. Kartoffeln schälen und klein schneiden.

2 Schälen Sie die Zwiebeln und würfeln Sie sie. Schälen Sie den Knoblauch und hacken Sie ihn.

3 Butter in einem großen Topf erhitzen und Zwiebeln darin kurz anbraten. Knoblauch, Kartoffeln und Kürbis zufügen und alles mit Gemüsebrühe ablöschen.

4 Lassen Sie die Suppe aufkochen und zugedeckt ca. 20 Minuten köcheln, bis die Zutaten weich sind.

5 Petersilie waschen und trocken schütteln.

6 Pürieren Sie die Suppe mit einem Pürierstab und verfeinern Sie sie mit Sahne. Schmecken Sie die Suppe mit Salz, Pfeffer und Muskatnuss ab.

7 Suppe mit Petersilie dekorieren.

Pikante Kichererbsensuppe

6 Port. 30 Min. Leicht

Zutaten

800 g Kichererbsen
2 Karotten
1 TL Kurkuma
1 Spritzer Honig
1 Spritzer Zitronensaft
je 1 Prise Salz & Pfeffer
2 EL Olivenöl
1 l Gemüsesuppe
1 EL Tomatenmark
1 Knoblauchzehe
1 Zwiebel
½ Bund Frühlingszwiebeln

Nährwerte p. P.

182 kcal, 20 g kh,
4 g Fett, 10 g Eiweiß

1 Schälen Sie die Karotten und schneiden Sie sie in Scheiben. Schälen Sie Zwiebel und Knoblauch und hacken Sie beides fein.

2 Geben Sie Olivenöl in einen Topf und schwitzen Sie Zwiebeln, Karotten und Knoblauch darin an. Fügen Sie Tomatenmark hinzu und gießen Sie alles mit der Gemüsesuppe auf.

3 Lassen Sie die Kichererbsen gut abtropfen und geben Sie sie in den Topf. Lassen Sie alles ca. 15 Minuten köcheln. Geben Sie die Gewürze hinzu und verrühren Sie alles gut.

4 Rühren Sie Honig und Zitronensaft unter und schmecken Sie die Suppe noch einmal mit Salz und Pfeffer ab.

5 Waschen Sie die Frühlingszwiebeln und schneiden Sie sie in feine Röllchen.

6 Richten Sie die Suppe in tiefen Tellern an und garnieren Sie sie mit den Frühlingszwiebeln.

Auberginen-Tomaten-Suppe

4 Port. 50 Min. Leicht

Zutaten

2 Auberginen
600 g reife Tomaten
1 Zwiebel
2 Knoblauchzehen
1 TL Kreuzkümmel (gemahlen)
1 EL Olivenöl
600 ml Gemüsebrühe
Salz nach Geschmack
2-3 EL pflanzliche Creme (z. B. Cashew- oder Hafercreme)
frische Basilikumblätter

Nährwerte p. P.

*230 kcal, 22 g kh,
12 g Fett, 4 g Eiweiß*

1 Auberginen waschen,eine davon würfeln und beiseitestellen, 2. Aubergine grob schneiden. Zwiebel und Knoblauch schälen und fein hacken. Tomaten waschen und grob schneiden.

2 Öl in einem Topf erhitzen und Zwiebel darin glasig dünsten. Knoblauch und Kümmel zufügen und anrösten, bis sich die Aromen entfalten.

3 Grob geschnittene Aubergine und Tomaten zufügen, Brühe angießen und alles ca. 25 Minuten sanft köcheln lassen, bis das Gemüse weich ist.

4 Suppe cremig pürieren, mit Salz abschmecken und warm halten.

5 Eine beschichtete Pfanne ohne Fett erhitzen und Auberginenwürfel darin anrösten, bis sie goldbraun und weich sind.

6 Suppe auf tiefe Teller verteilen, Auberginenwürfel mittig auf die Suppe geben, einen Klecks pflanzliche Creme darübergeben und mit Basilikumblättern garnieren.

Süßkartoffel-Ingwer-Suppe

4 Port. 45 Min. Leicht

Zutaten

- 500 g Süßkartoffeln
- 120 g rote Linsen (geschält)
- 1 Zwiebel
- 2 Knoblauchzehen
- 25 g frischer Ingwer
- 1 EL Olivenöl oder Kokosöl
- 800 ml Gemüsebrühe
- 400 ml Kokosmilch (ungesüßt)
- 1 TL Kurkuma (gemahlen)
- ½ TL Kreuzkümmel (gemahlen)
- Salz nach Geschmack
- Saft einer ½ Limette
- frischer Koriander oder Petersilie zum Garnieren
- optional: Chiliflocken
- Limettenspalten

Nährwerte p. P.

360 kcal, 38 g kh,
17 g Fett, 11 g Eiweiß

1 Schälen Sie die Süßkartoffeln und schneiden Sie sie in kleine Würfel. Spülen Sie die roten Linsen in einem feinen Sieb unter warmem Wasser gründlich ab. Schälen Sie Zwiebel, Knoblauch und Ingwer und hacken Sie alles fein.

2 Erhitzen Sie das Öl in einem großen Topf bei mittlerer Hitze. Dünsten Sie die Zwiebel darin glasig. Geben Sie Knoblauch und Ingwer hinzu und braten Sie beides kurz mit, bis es aromatisch duftet.

3 Fügen Sie die Süßkartoffelwürfel, die roten Linsen, Kurkuma und Kreuzkümmel hinzu und rühren Sie alles gut um. Gießen Sie die Gemüsebrühe an und lassen Sie die Suppe etwa 20 Minuten sanft köcheln, bis Süßkartoffeln und Linsen weich sind.

4 Geben Sie die Kokosmilch zur Suppe und rühren Sie sie ein. Nehmen Sie nun eine Schöpfkelle voll Suppe heraus, pürieren Sie diesen Teil fein und geben Sie ihn wieder zurück in den Topf. So entsteht eine cremige, aber dennoch stückige Konsistenz. Alternativ können Sie einige Süßkartoffelwürfel mit einem Löffel direkt im Topf leicht zerdrücken.

5 Schmecken Sie die Suppe mit Salz und Limettensaft ab und lassen Sie sie bei Bedarf noch ein paar Minuten ziehen.

6 Verteilen Sie die Suppe auf Schalen, garnieren Sie sie mit frischem Koriander oder Petersilie und nach Wunsch mit Chiliflocken. Servieren Sie sie mit Limettenspalten.

Rote-Beete-Kokossuppe

4 Port. 30 Min. Leicht

Zutaten

- 600 g Rote Beete (gekocht oder vorgegart)
- 1 kleine Zwiebel
- 1 Knoblauchzehe
- 1 EL Olivenöl
- 600 ml Gemüsebrühe
- 200 ml Kokosmilch (ungesüßt)
- Salz nach Geschmack
- optional: eine Prise schwarzer Pfeffer oder Kreuzkümmel

Zum Servieren:

- ca. 40 ml Kokosmilch
- Brotwürfel (Croûtons, leicht geröstet)
- frische Basilikumblätter

1 Zwiebel und Knoblauch schälen und fein hacken. Rote Beete grob würfeln.

2 Olivenöl in einem Topf bei mittlerer Hitze erhitzen und Zwiebel darin glasig dünsten. Knoblauch zufügen und kurz mitdünsten, bis er aromatisch ist.

3 Rote Beete zufügen, Gemüsebrühe angießen und alles 10-15 Minuten sanft köcheln lassen.

4 Kokosmilch in den Topf geben und Suppe cremig pürieren. Suppe mit Salz und optional Pfeffer oder Kreuzkümmel abschmecken.

5 Suppe auf tiefe Teller verteilen und etwas Kokosmilch kreisförmig auf die Oberfläche gießen, sodass ein heller Kontrast entsteht.

6 Suppe mit Brotwürfeln und Basilikumblättern garnieren.

Nährwerte p. P.

260 kcal, 25 g kh, 16 g Fett, 4 g Eiweiß

Salate & Dressings

Granatapfel-Rucola-Salat

4 Port. 10 Min. Leicht

Zutaten

150 g Granatapfelkerne
400 g Kirschtomaten
300 g Rucola
1 TL Senf
1 EL Zitronensaft
3 EL weißer Balsamico-essig
3 EL Rapsöl
1 Prise Zucker
etwas Salz
etwas Pfeffer

Nährwerte p. P.

130 kcal, 9 g kh,
8 g Fett, 4 g Eiweiß

1 Waschen Sie die Tomaten und vierteln Sie sie. Waschen Sie den Rucola und lassen Sie ihn abtropfen.

2 Mischen Sie alle Zutaten in einer großen Schüssel.

3 Geben Sie alle übrigen Zutaten über den Salat und vermengen Sie alles miteinander. Schmecken Sie den Salat mit Zucker, Salz und Pfeffer ab.

Weißkohl-Salat

4 Port. 40 Min. Leicht

Zutaten

1 Weißkohl
1 Gurke
1 Bund Dill
60 ml Kräuteressig
80 ml Olivenöl
etwas Salz & Pfeffer
20 g Zucker
½ TL Kümmel, gemahlen
1 Zwiebel

Nährwerte p. P.

180 kcal, 12 g kh,
14 g Fett, 3 g Eiweiß

1 Weißkohl halbieren, vierteln und Strunk entfernen. Weißkohl-Viertel noch einmal halbieren, fein hacken, in ein Sieb geben und kräftig salzen. Mit den Händen das Salz einmassieren und Weißkohl ca. 30 Minuten ziehen lassen.

2 Gurke waschen, von Enden befreien und reiben. Dill waschen, trocken schütteln und hacken.

3 Salz unter Wasser aus dem Kohl waschen und Kohl trocken schütteln, am besten mit einer Salatschleuder.

4 In einer Schüssel 1 Prise Salz mit Kräuteressig auflösen und Öl langsam einrühren. Alles mit Kümmel, Zucker, Salz und Pfeffer würzen.

5 Zwiebel schälen, klein schneiden und mit der Gurke zum Weißkohl geben. Alles mit dem Dressing übergießen und vermengen.

6 Salat noch einmal mit Salz und Pfeffer abschmecken.

Bohnensalat

4 Port. 20 Min. Leicht

Zutaten

- 1 rote Zwiebel
- 1 Paprika
- 250 g weiße Bohnen, Dose
- 250 g Kidneybohnen
- 2 EL Weinessig
- 2 EL saure Sahne
- ½ TL Senf
- ½ TL Tomatenketchup
- ½ TL Meerrettich
- Salz & Pfeffer
- 1 EL Olivenöl
- ½ Bund Petersilie

Nährwerte p. P.

143 kcal, 1 g kh,
15 g Fett, 1 g Eiweiß

1 Schälen Sie die Zwiebel und schneiden Sie sie in dünne Ringe. Waschen Sie die Paprika und schneiden Sie sie in Würfel. Waschen Sie die Petersilie und hacken Sie sie fein.

2 Lassen Sie die Kidneybohnen und die weißen Bohnen abtropfen. Geben Sie alle vorbereiteten Zutaten in eine Schüssel.

3 Verrühren Sie Essig, saure Sahne, Senf, Tomatenketchup, Meerrettich und Öl und schmecken Sie das Dressing mit Salz und Pfeffer ab. Vermischen Sie es mit dem Gemüse und lassen Sie den Salat etwa 5 Minuten durchziehen.

Karottensalat

2 Port. 15 Min. Leicht

Zutaten

1 kg Karotten
1 Zitrone
1-2 TL Zucker
1 EL Öl
etwas Salz
etwas Pfeffer
ein paar Erdnüsse

Nährwerte p. P.

120 kcal, 25 g kh,
3 g Fett, 2 g Eiweiß

1 Schälen Sie die Karotten und raspeln Sie sie fein.

2 Pressen Sie die Zitrone aus und vermischen Sie den Saft mit dem Öl. Geben Sie das Dressing über die Karotten.

3 Schmecken Sie alles mit Salz, Pfeffer und Zucker ab und dekorieren Sie mit ein paar Erdnüssen.

Gurken-Kresse-Salat

2 Port. 10 Min. Leicht

Zutaten

1 Gurke
1 EL Apfelessig
15 g Petersilie
½ TL Kräutersalz
1 Msp. Pfeffer
1 TL Balsamico
1 TL Ahornsirup
1 EL Keimöl
1 Beet Kresse

Nährwerte p. P.

120 kcal, 25 g kh,
3 g Fett, 2 g Eiweiß

1 Waschen Sie die Salatgurke und schneiden Sie sie in Scheiben.

2 Schneiden Sie die Kresse vom Topf ab und hacken Sie die Petersilie.

3 Geben Sie Essig, Kräutersalz, Pfeffer, Balsamico, Keimöl und Ahornsirup in eine Schüssel und vermengen Sie alles miteinander.

4 Fügen Sie Gurken, Petersilie und Kresse hinzu und mischen Sie alles miteinander.

Süßkartoffel-Spinat-Salat

2 Port. 40 Min. Leicht

Zutaten

- 400 g Süßkartoffeln
- 1 Dose Kichererbsen
- 2 EL Olivenöl
- 100 g frischer Blattspinat
- 1 reife Avocado
- 1 EL Zitronensaft
- Salz nach Geschmack
- 1-2 TL Sesam (hell oder gemischt)

Nährwerte p. P.

420 kcal, 38 g kh, 22 g Fett, 10 g Eiweiß

1 Backofen auf 200 °C Ober-/Unterhitze vorheizen. Süßkartoffeln schälen und würfeln. Kichererbsen abspülen, gut abtropfen lassen und trocken tupfen. Süßkartoffelwürfel und Kichererbsen in eine Schüssel geben und mit 1 EL Olivenöl und einer Prise Salz vermischen.

2 Alles auf einem mit Backpapier belegten Blech verteilen und ca. 25 Minuten rösten, zwischendurch einmal wenden.

3 Spinat waschen und trocken schleudern. Avocado halbieren, entkernen, schälen und Fruchtfleisch würfeln.

4 Spinat in eine Schüssel geben und Süßkartoffeln, Kichererbsen und Avocadowürfel zufügen.

5 Restliches Öl mit Zitronensaft vermengen und Dressing über den Salat träufeln. Alles vorsichtig mischen, sodass die Avocado ihre Form behält.

6 Salat mit Sesam garnieren und lauwarm servieren.

Blutorangensalat

2 Port. 10 Min. Leicht

Zutaten

- 3 Blutorangen
- 100 g gemischter Blattsalat (z. B. Rucola, Babyspinat, Mangoldblätter)
- 2 EL Olivenöl extra vergine
- 1 TL Zitronensaft oder Blutorangensaft
- Salz nach Geschmack
- optional: frisch gemahlener schwarzer Pfeffer

Nährwerte p. P.

190 kcal, 18 g kh,
12 g Fett, 3 g Eiweiß

1 Waschen Sie den Blattsalat gründlich und schleudern Sie ihn trocken. Zupfen Sie größere Blätter gegebenenfalls in mundgerechte Stücke.

2 Schälen Sie die Blutorangen mit einem scharfen Messer vollständig, sodass auch die weiße Innenhaut entfernt wird. Schneiden Sie die Orangen anschließend in gleichmäßige Scheiben.

3 Verteilen Sie den Blattsalat locker auf Tellern oder in einer Schale. Legen Sie die Blutorangenscheiben gleichmäßig darauf.

4 Vermengen Sie das Olivenöl mit dem Zitronen- oder Blutorangensaft. Würzen Sie das Dressing mit Salz und optional mit Pfeffer und träufeln Sie es kurz vor dem Servieren über den Salat.

Grünkohl-Brokkoli-Salat

2 Port. 20 Min. Leicht

Zutaten

- 2 mittelgroße Karotten
- 100 g Grünkohl (ohne harte Stiele)
- 120 g Brokkoli (Röschen und zarter Stiel)
- ½ Gurke
- 80 g Heidelbeeren
- 2 EL Mandelstifte
- 1-2 EL gemischte Saaten (z. B. Sesam, Leinsamen)
- ¼ kleine rote Zwiebel
- einige frische Basilikumblätter
- 2 EL Olivenöl extra vergine
- 1 EL Zitronensaft
- Salz nach Geschmack

1 Karotten schälen und fein raspeln. Grünkohl waschen, harten Mittelrippen entfernen und Blätter fein schneiden. Brokkoli waschen und roh fein hacken. Gurke in schmale Streifen oder Scheiben schneiden. Zwiebel schälen und sehr fein würfeln.

2 Karotten, Grünkohl, Brokkoli, Gurke und Zwiebel in einer großen Schüssel locker vermengen.

3 Heidelbeeren vorsichtig waschen, abtropfen lassen und mit Saaten und Mandelstiften zum Salat geben.

4 Olivenöl und Zitronensaft zu einem leichten Dressing vermengen, dieses mit Salz würzen und über den Salat geben. Alles vorsichtig mischen, sodass die Zutaten gleichmäßig benetzt sind.

5 Basilikumblätter grob zupfen und über den Salat geben.

Nährwerte p. P.

380 kcal, 28 g kh, 22 g Fett, 10 g Eiweiß

Kurkuma-Dressing

4 Port. 10 Min. Leicht

Zutaten

- 2 cm frische Kurkuma
- 1 rote Chilischote
- 100 ml Apfelessig
- 1 EL Honig
- 1 Msp. Senfpulver
- 1 Msp. Ingwer
- 75 ml Gemüsebrühe
- 1 EL Sesamöl
- 2 EL Rapsöl
- etwas Salz

Nährwerte p. P.

110 kcal, 7 g kh,
12 g Fett, 1 g Eiweiß

1 Waschen Sie die Kurkuma, schälen Sie sie und schneiden Sie sie in sehr feine Scheiben. Waschen Sie die Chilischote und hacken Sie sie fein.

2 Verrühren Sie in einer Schüssel Apfelessig, Honig, Ingwer, Senfpulver und Brühe. Rühren Sie das Öl unter und schmecken Sie alles mit Salz ab. Mischen Sie Kurkuma und Chili unter.

Orangen-Dressing

4 Port. 15 Min. Leicht

Zutaten

100 ml frisch gepresster Orangensaft
1 EL Honig
3 EL Olivenöl
etwas Salz
etwas Pfeffer
1 TL Senf
½ TL Sesam

Nährwerte p. P.

119 kcal, 6 g kh,
10 g Fett, 0 g Eiweiß

1 Bringen Sie in einem Topf den Orangensaft zum Kochen. Fügen Sie Öl und Honig hinzu und lassen Sie alles 10 Minuten kochen. Schmecken Sie alles mit Salz und Pfeffer ab. Rühren Sie den Senf sowie den Sesam mit einem Schneebesen ein.

2 Lassen Sie das Dressing vor dem Servieren abkühlen.

Traubenkernöl-Dressing

4 Port. 10 Min. Leicht

Zutaten

60 ml weißer Balsamico-Essig
1 TL dunkler Balsamico-Essig
etwas Salz
1 Prise Zucker
150 ml Traubenkernöl
1 TL Dijon-Senf

Nährwerte p. P.

318 kcal, 4 g kh,
34 g Fett, 0 g Eiweiß

1 Verrühren Sie beide Essige mit etwas Wasser, Salz und Zucker. Lassen Sie das Öl nach und nach einfließen.

2 Geben Sie den Senf in das Dressing und schmecken Sie es mit Salz und Zucker ab.

Olivenöl-Vinaigrette

3 Port. | 5 Min. | Leicht

1 Geben Sie alle Zutaten in einen Shaker.

2 Schütteln Sie die Zutaten gut.

Zutaten

- 3 EL Olivenöl
- 1 EL Balsamico-Essig
- 1 EL Zitronensaft
- 1 TL mittelscharfer Senf
- 1 TL Ahornsirup
- 4 EL Wasser
- 1 Prise Salz
- 1 Prise Pfeffer

Nährwerte p. P.

171 kcal, 2 g kh,
4 g Fett, 0 g Eiweiß

Senf-Vinaigrette

15 Port. 10 Min. Leicht

Zutaten

- 2 Orangen
- 1 EL körniger Dijon-Senf
- 2 EL weißer Balsamico-essig
- etwas Salz
- etwas Pfeffer
- 75 ml Olivenöl
- ein paar Thymianstängel

Nährwerte p. P.

52 kcal, 1 g kh,
5 g Fett, 0 g Eiweiß

1 Pressen Sie die Orangen aus und messen Sie 175 ml Saft ab. Lassen Sie den Orangensaft bei mittlerer Hitze zu etwa ⅓ einkochen.

2 Rühren Sie alles mit Senf, Essig, Salz und Pfeffer glatt.

3 Waschen Sie den Thymian und schütteln Sie ihn trocken. Hacken Sie ihn fein und geben Sie ihn zur Mischung.

4 Geben Sie nach und nach das Öl hinzu und verrühren Sie alles gut miteinander.

5 Schmecken Sie die Vinaigrette mit Salz und Pfeffer ab.

Fleisch & Geflügel

Hühnerbrust mit Gemüse

2 Port. 35 Min. Leicht

Zutaten

- 300 g Hähnchenbrustfilet
- 1½ EL natives Olivenöl
- 1 TL Kurkuma, gemahlen
- ½ TL schwarzer Pfeffer
- 1 TL geriebener Ingwer
- 1 Knoblauchzehe
- 100 g Rotkohl
- 80 g Karotten
- 100 g gelbe Paprika
- 80 g TK-Erbsen (aufgetaut)
- 50 g Grünkohl
- 100 g grüner Spargel
- 1 EL Zitronensaft

Nährwerte p. P.

360 kcal, 20 g kh,
14 g Fett, 38 g Eiweiß

1 Schneiden Sie das Hähnchen in mundgerechte Streifen. Vermengen Sie in einer Schüssel Olivenöl, Kurkuma, Pfeffer, Ingwer und Knoblauch. Geben Sie die Hähnchenstreifen hinzu, wenden Sie sie gut und lassen Sie sie kurz ziehen.

2 Entfernen Sie die äußeren Blätter des Rotkohls, vierteln Sie den Kopf und schneiden Sie ihn in feine Streifen. Schälen Sie die Karotten und schneiden Sie sie in etwa 5 cm lange Stifte. Entkernen Sie die Paprika und schneiden Sie sie in Streifen. Brechen Sie die holzigen Enden vom Spargel ab und schneiden Sie die Stangen in 3 cm große Stücke.

3 Verlesen Sie den Grünkohl, entfernen Sie harte Stiele und zupfen Sie die Blätter in mundgerechte Stücke.

4 Erhitzen Sie eine große beschichtete Pfanne bei mittlerer Hitze. Braten Sie das marinierte Hähnchen 4-5 Minuten rundherum an. Nehmen Sie das Fleisch heraus und stellen Sie es beiseite.

5 Geben Sie bei Bedarf ½ EL Öl in dieselbe Pfanne und dünsten Sie Karotten und Spargel 2 Minuten an. Fügen Sie Paprika und Rotkohl hinzu und garen Sie alles weitere 3 Minuten. Geben Sie Erbsen und Grünkohl dazu und lassen Sie alles noch 3 Minuten dünsten.

6 Geben Sie das Hähnchen zurück in die Pfanne, träufeln Sie Zitronensaft darüber und schwenken Sie alles kurz durch.

Kapern-Tomaten-Hähnchen

4 Port. 40 Min. Leicht

Zutaten

- 1 Glas Kapern
- ½ Knoblauchzehe
- 2 EL Olivenöl
- 2 Tomaten
- 4 Hähnchenbrustfilets
- 4 Scheiben Emmentaler
- etwas Salz
- etwas Pfeffer
- 1 TL Paprikapulver
- ein paar Estragonstängel

Nährwerte p. P.

450 kcal, 10 g kh,
30 g Fett, 40 g Eiweiß

1 Waschen Sie die Filets mit kaltem Wasser ab und tupfen Sie sie trocken. Gießen Sie die Kapern in ein Sieb und lassen Sie sie gut abtropfen. Schälen Sie den Knoblauch und hacken Sie ihn fein.

2 1 EL Öl und Gewürze in einer kleinen Schale vermengen und Filets darin marinieren.

3 Geben Sie 1 EL Öl in eine Pfanne und braten Sie die Filets und den Knoblauch darin scharf an.

4 Tomaten waschen und in Scheiben schneiden.

5 Fetten Sie eine Auflaufform ein. Legen Sie die Filets hinein und drapieren Sie darauf je eine Scheibe Käse und zwei Scheiben Tomaten. Verteilen Sie die Kapern gleichmäßig in der Auflaufform und backen Sie alles bei 180 °C Umluft ca. 20 Minuten.

6 Gericht auf einem flachen Teller anrichten und mit ein paar Estragonstängeln garnieren.

Vollkorn-Hähnchen-Pasta

4 Port. 40 Min. Leicht

Zutaten

500 g Hähnchenbrustfilet	
12 Kirschtomaten	
2 Knoblauchzehen	
300 g Dinkel-Penne	
1 EL Tomatenmark	
3 EL Olivenöl	
etwas Butter	
etwas Salz	
etwas Pfeffer	
1 Bund Petersilie zum Dekorieren	

Nährwerte p. P.

835 kcal, 66 g kh,
46 g Fett, 41 g Eiweiß

1 Hähnchenfleisch mit kaltem Wasser abspülen, trocken tupfen, in mundgerechte Stücke schneiden und mit Salz und Pfeffer würzen.

2 Tomaten waschen und vierteln. Knoblauch schälen und fein hacken. Petersilie waschen, trocken schütteln und zur Seite legen.

3 Geben Sie Öl in eine Pfanne und braten Sie die Hähnchenstücke scharf darin an. Entnehmen Sie sie und legen Sie sie auf einen Teller.

4 Tomaten und Tomatenmark zum Bratensatz geben und alles kurz anbraten. Knoblauch zufügen, Butter einrühren und alles 3 Minuten köcheln lassen. Fleisch zurück in die Pfanne geben und mit der Soße vermischen.

5 Kochen Sie die Nudeln nach Packungsangabe.

6 Nudeln abgießen und auf Tellern anrichten. Soße mit dem Fleisch darübergeben und Gericht mit Petersilie garnieren.

Entenbrust mit Orangensauce

2 Port. 30 Min. Mittel

Zutaten

- 2 Entenbrüste (à ca. 300 g, mit Haut)
- 2 Bio-Orangen
- 1 TL Honig
- Salz nach Geschmack
- frisch gemahlener schwarzer Pfeffer
- optional: ein kleiner Zweig frischer Thymian
- etwas Petersilie, gehackt

Nährwerte p. P.

520 kcal, 14 g kh, 36 g Fett, 32 g Eiweiß

1 Schneiden Sie die Haut der Entenbrüste rautenförmig ein, ohne das Fleisch zu verletzen. Würzen Sie die Fleischseite mit Salz und Pfeffer.

2 Erhitzen Sie eine Pfanne ohne zusätzliches Fett bei mittlerer Hitze. Legen Sie die Entenbrüste mit der Hautseite nach unten in die kalte Pfanne und lassen Sie sie langsam aus. Braten Sie die Entenbrüste etwa 6-8 Minuten, bis die Haut goldbraun und knusprig ist. Gießen Sie überschüssiges Fett vorsichtig ab.

3 Wenden Sie die Entenbrüste und braten Sie sie auf der Fleischseite weitere 3-4 Minuten, bis sie innen rosa sind. Nehmen Sie das Fleisch aus der Pfanne, wickeln Sie es locker in Alufolie und lassen Sie es kurz ruhen.

4 Waschen Sie die Orangen heiß ab. Reiben Sie von einer Orange etwas Schale ab und pressen Sie anschließend den Saft aus. Filetieren Sie die zweite Orange vollständig.

5 Geben Sie den Orangensaft, den Honig und optional den Thymian in die Pfanne. Lösen Sie den Bratensatz und lassen Sie die Sauce bei mittlerer Hitze kurz einkochen, bis sie leicht sirupartig ist. Geben Sie die Orangenfilets kurz in die Sauce, sodass sie warm werden, aber ihre Form behalten.

6 Schneiden Sie die Entenbrüste in Scheiben. Legen Sie das Fleisch auf vorgewärmte Teller, verteilen Sie die Orangensauce und die Orangenfilets darüber.

7 Garnieren Sie die Entenbrust mit etwas frisch gehackter Petersilie und servieren Sie das Gericht sofort.

Hähnchen-Paprika-Pfanne

4 Port. 20 Min. Leicht

Zutaten

400 g Hähnchenbrustfilet
1 rote Paprika
1 Knoblauchzehe
1 EL Olivenöl
100 ml Hafercuisine
2 EL Tomatenmark
1 TL Gemüsebrühe
etwas Salz
etwas Pfeffer
etwas Petersilie zum Dekorieren

Nährwerte p. P.

185 kcal, 6 g kh,
7 g Fett, 22 g Eiweiß

1 Spülen Sie das Hähnchenfleisch mit kaltem Wasser ab und tupfen Sie es trocken. Waschen Sie die Paprika und schälen Sie den Knoblauch. Schneiden Sie das Fleisch und die Paprika in kleine Stücke. Hacken Sie den Knoblauch fein.

2 Erhitzen Sie Öl in einer Pfanne und braten Sie das Fleisch kräftig an. Würzen Sie alles mit Salz und Pfeffer. Geben Sie Knoblauch und Paprika hinzu und braten Sie alles kurz mit.

3 Geben Sie Hafercuisine, Tomatenmark und Brühe in eine Schale und verrühren Sie alles.

4 Geben Sie die Soße zum Fleisch in die Pfanne und vermengen Sie alles. Würzen Sie bei Bedarf noch einmal mit Salz und Pfeffer nach.

5 Waschen Sie die Petersilie, schütteln Sie sie trocken, hacken Sie sie grob und garnieren Sie das Gericht damit.

Tipp: Dazu passt Vollkornreis.

Entenkeule mit Johannisbeersoße

4 Port. 100 Min. Leicht

Zutaten

4 Entenkeulen
etwas Olivenöl
100 g Staudensellerie
1 rote Zwiebel
2 Sternanis
1 EL Honig
200 ml Wein
100 ml Johannisbeersaft
etwas Salz
etwas Pfeffer
etwas Chilipulver
ein paar Senfkörner

Nährwerte p. P.

650 kcal, 15 g kh,
45 g Fett, 40 g Eiweiß

1 Salzen und pfeffern Sie die Entenkeulen. Braten Sie sie mit heißem Öl an und nehmen Sie sie heraus.

2 Schälen Sie Sellerie und Zwiebel und schneiden Sie beides in feine Stücke.

3 Braten Sie das Gemüse in derselben Pfanne an, geben Sie Pfeffer, Salz, Honig, Sternanis und Chili hinein und löschen Sie alles mit Wein und Johannisbeersaft ab. Lassen Sie alles aufkochen und geben Sie die Keulen hinein. Lassen Sie alles zugedeckt etwa 1½ Stunden schmoren.

4 Nehmen Sie die Keulen heraus, entfernen Sie den Sternanis und pürieren Sie die Soße.

5 Richten Sie die Keulen auf einem Teller an und bestreuen Sie die Keulen mit ein paar Senfkörnern.

6 Gießen Sie die Soße in vier Schalen und stellen Sie diese je auf den Teller zur Keule.

Kurkuma-Kokos-Hähnchen

2 Port. 40 Min. Leicht

Zutaten

Hähnchen:

- 350 g Hähnchenbrustfilet
- 1 EL Kokosöl
- 1 TL Kurkuma (gemahlen)
- ½ TL Kreuzkümmel
- Salz nach Geschmack
- 1 kleine rote Chilischote
- 2 Tomaten
- 1-2 EL frisch gehackter Koriander

Kurkuma-Hirse:

- 100 g Hirse
- 250 ml Wasser
- 1 TL Kurkuma
- Salz nach Geschmack
- 1 TL Kokosöl

Gerösteter Kürbis:

- 250 g Hokkaido-Kürbis
- 1 EL Olivenöl
- Salz nach Geschmack
- optional: Kreuzkümmel oder Paprikapulver

Zum Servieren:

- 50-70 g Rucola

Nährwerte p. P.

560 kcal, 38 g kh,
24 g Fett, 40 g Eiweiß

1 Hirse in einem feinen Sieb heiß abspülen, mit Wasser, Kurkuma und Salz in einen Topf geben, alles zum Kochen bringen und bei niedriger Hitze 12-15 Minuten quellen lassen, bis die Flüssigkeit aufgenommen ist. Hirse mit einer Gabel auflockern und Kokosöl untermischen. Hirse warm halten.

2 Kürbis waschen, entkernen und mit Schale würfeln. Kürbiswürfel mit Olivenöl, Salz und optional etwas Kreuzkümmel mischen und in einer Pfanne oder im Backofen bei 200 °C Ober-/Unterhitze 20-25 Minuten rösten, bis er weich und goldbraun ist. Anschließend beiseitestellen.

3 Hähnchenbrustfilet in mundgerechte Stücke schneiden und mit Kurkuma, Kreuzkümmel und Salz vermengen.

4 Kokosöl in einer Pfanne bei mittlerer Hitze erhitzen und Hähnchen rundum goldgelb anbraten, bis es durchgegart ist. Es soll stückig bleiben, ohne Sauce.

5 Tomaten waschen, jeweils vom Strunk befreien und würfeln. Chilischote waschen, nach Wunsch entkernen und sehr fein schneiden. Tomaten und Chili kurz zum Hähnchen geben und kurz schwenken, sodass die Tomaten warm werden, aber ihre Form behalten. Pfanne vom Herd nehmen und Koriander untermischen.

6 Rucola waschen. Kurkuma-Hirse und Rucola auf Schalen verteilen, Kurkuma-Kokos-Hähnchen darübergeben und Gericht mit den gerösteten Kürbiswürfeln ergänzen.

Chinapfanne mit Huhn

4 Port. 35 Min. Leicht

Zutaten

500 g Hähnchenbrustfilet
200 g Brokkoli
150 g Zuckerschoten
1 rote Paprika
1 Zwiebel
2 Karotten
3-4 EL Sojasoße
2 EL Kokosöl
1-2 TL Ingwer
2-3 Knoblauchzehen
etwas Kurkuma
etwas Salz & Pfeffer

Nährwerte p. P.

400 kcal, 25 g kh,
20 g Fett, 35 g Eiweiß

1 Spülen Sie das Hähnchen mit kaltem Wasser ab, tupfen Sie es trocken und chneiden Sie es in mundgerechte Stücke. Schälen Sie den Knoblauch und hacken Sie ihn fein. Verrühren Sie in einer Schüssel 1-2 EL Sojasoße, Knoblauch und Ingwer.

2 Schälen Sie die Karotten, putzen Sie die Paprika und schneiden Sie beides in dünne Streifen. Schneiden Sie den Brokkoli in Röschen. Schälen Sie die Zwiebel und schneiden Sie sie in Ringe. Waschen Sie die Zuckerschoten.

3 Geben Sie etwas Öl in eine hohe Pfanne oder einen Wok und braten Sie das Fleisch an. Entnehmen Sie es und stellen Sie es zur Seite.

4 Braten Sie im verbliebenen Öl das gesamte Gemüse an, bis alles weich ist.

5 Geben Sie das Hähnchenfleisch zurück in die Pfanne und würzen Sie alles mit der restlichen Sojasoße. Schmecken Sie das Gericht mit Kurkuma, Salz und Pfeffer ab.

Fisch & Meeresfrüchte

Garnelen-Zitronen-Pfanne

4 Port. 25 Min. Leicht

Zutaten

800 g Garnelen
4 Knoblauchzehen
1 Zitrone
2 EL Olivenöl
1 Bund Koriander
etwas Salz
etwas Pfeffer

Nährwerte p. P.

180 kcal, 2 g kh,
7 g Fett, 30 g Eiweiß

1 Waschen Sie die Garnelen und tupfen Sie sie trocken. Schälen Sie den Knoblauch und hacken Sie ihn fein. Waschen Sie die Zitrone heiß ab und reiben Sie sie trocken. Schneiden Sie sie in Scheiben.

2 Erhitzen Sie Öl in einer Pfanne und braten Sie die Garnelen ca. 10 Minuten an. Wenden Sie sie dabei immer wieder.

3 Geben Sie Knoblauch und Zitronenscheiben hinzu und braten Sie alles kurz mit.

4 Waschen Sie den Koriander und schütteln Sie ihn trocken. Hacken Sie ihn grob.

5 Würzen Sie die Garnelen mit Salz und Pfeffer und richten Sie das Gericht in einer großen Schale an. Streuen Sie den gehackten Koriander darüber.

Lachs mit Honig-Senfsoße

4 Port. 35 Min. Leicht

Zutaten

- 12 kleine Kartoffeln
- 4 Lachsfilets
- 1 Becher Crème fraîche
- 4 EL Senf
- 2 EL Honig
- ½ Bund Dill
- etwas Salz
- etwas Pfeffer
- etwas Butter zum Anbraten
- 1 Zitrone zum Dekorieren
- ein paar Rosmarinnadeln zum Dekorieren

Nährwerte p. P.

724 kcal, 30 g kh,
2 g Fett, 6 g Eiweiß

1 Kochen Sie die Kartoffeln mit Schale. Lassen Sie sie auskühlen und schälen Sie sie. Salzen und pfeffern Sie die Lachsfilets.

2 Braten Sie das Lachsfilet in einer Pfanne mit heißer Butter sanft an.

3 Erwärmen Sie in einem kleinen Topf Crème fraîche und rühren Sie den Senf und den Honig ein. Schmecken Sie die Soße mit Salz und Pfeffer ab. Waschen Sie den Dill und schütteln Sie ihn trocken. Hacken Sie ihn fein und heben Sie ihn unter die Soße.

4 Waschen Sie die Zitrone und vierteln Sie sie.

5 Richten Sie das Gericht auf einem flachen Teller an und garnieren Sie den Lachs mit ein paar Rosmarinnadeln und Zitronenvierteln.

Gebackener Kabeljau

4 Port. 40 Min. Leicht

Zutaten

- 2 Zucchini
- 1 Zwiebel
- 400 g Kirschtomaten
- 600 g Kabeljaufilet
- 1 Zitrone
- 80 g schwarze Oliven
- 2 EL Olivenöl
- Salz und Pfeffer
- etwas Rosmarin zum Dekorieren

Nährwerte p. P.

321 kcal, 28 g kh,
8 g Fett, 31 g Eiweiß

1 Waschen Sie die Zucchini und schneiden Sie sie in Scheiben. Waschen Sie die Tomaten und tupfen Sie sie trocken. Verteilen Sie die Zutaten in einer Auflaufform, träufeln Sie dass Olivenöl darüber und salzen und pfeffern Sie sie.

2 Heizen Sie den Backofen auf 160 °C Umluft vor und backen Sie das Gemüse ca. 15 Minuten.

3 Schälen Sie die Zwiebel und schneiden Sie sie klein. Spülen Sie die Fischfilets unter kaltem Wasser ab und tupfen Sie sie trocken. Pressen Sie die Zitrone aus.

4 Nehmen Sie die Form mit dem Gemüse aus dem Ofen und legen Sie Filets, Zwiebeln und Oliven hinein. Schmecken Sie alles mit Salz und Pfeffer ab und geben Sie den Zitronensaft darüber.

5 Lassen Sie alles weitere 15 Minuten garen.

6 Dekorieren Sie das Gericht mit Rosmarin.

Sesam-Thunfischsteaks

2 Port. 20 Min. Leicht

Zutaten

2 Thunfischsteaks (Sashimi-Qualität, je ca. 150 g)
2 EL Sesam (hell und schwarz gemischt)
1 EL neutrales Öl (z. B. Sesam- oder Rapsöl)
Salz nach Geschmack

Ingwer-Miso-Dip:

1 EL helle Misopaste
1 TL geriebener Ingwer
1 TL Sesamöl
1-2 EL warmes Wasser

Zum Servieren:

1 Limette, in Spalten
einige Zweige glatte Petersilie

1 Thunfischsteaks trocken tupfen und leicht mit Salz würzen. Steaks rundum im Sesam wälzen, sodass eine gleichmäßige Kruste entsteht.

2 Erhitzen Sie das Öl in einer Pfanne und braten Sie die Steaks von jeder Seite 1-1½ Minuten, sodass sie außen goldbraun und innen roh sind. Nehmen Sie den Fisch sofort aus der Pfanne.

3 Thunfisch kurz ruhen lassen und anschließend mit einem scharfen Messer in gleichmäßige Scheiben schneiden.

4 Rühren Sie für den Dip Misopaste, Ingwer, Sesamöl und warmes Wasser glatt, bis eine fließende, dunkle Sauce entsteht.

5 Thunfischscheiben fächerförmig anrichten, mit Petersilie und Limettenspalten garnieren und Ingwer-Miso-Dip separat dazu servieren

Nährwerte p. P.

360 kcal, 5 g kh, 20 g Fett, 38 g Eiweiß

Zanderfilet mit Gemüse

2 Port. 50 Min. Leicht

Zutaten

6 Thymianzweige
200 g grüner Spargel
150 g Brokkoli
150 g Babykarotten
1 EL Weißwein
½ TL Kräuter der Provence
½ TL Salz
½ TL Pfeffer
1 EL Olivenöl

Zutaten für den Fisch:

2 Zanderfilets à 200 g
1 EL Zitronensaft
½ Prise Salz
½ Prise Pfeffer
1 EL Butterflöckchen

Nährwerte p. P.

350 kcal, 8 g kh,
25 g Fett, 22 g Eiweiß

1 Heizen Sie den Backofen auf 200 °C Ober-/Unterhitze vor. Waschen Sie den Spargel, schälen Sie das untere Drittel und entfernen Sie die holzigen Enden. Brokkoli waschen, den Strunk entfernen und in Röschen teilen. Babykarotten ebenfalls waschen, schälen und vom Wurzelansatz befreien.

2 Geben Sie das Gemüse in eine große Schüssel, fügen Sie Öl, Kräuter, Salz und Pfeffer hinzu und mischen Sie alles gut. Füllen Sie das Gemüse in einen ausreichend langen Bratschlauch, geben Sie den Weißwein dazu und verschließen Sie die Enden. Schneiden Sie den Schlauch oben leicht ein und legen Sie ihn auf den Rost (nicht an die Backofenwände anliegend). Garen Sie das Gemüse auf der zweiten Schiene von unten ca. 30 Minuten.

3 Spülen Sie die Zanderfilets unter kaltem Wasser ab, tupfen Sie sie trocken, beträufeln Sie sie mit Zitronensaft und würzen Sie mit Salz und Pfeffer. Legen Sie je zwei Filets auf Alufolie, geben Sie Butterflöckchen darauf und verschließen Sie die Päckchen. Etwa 12 Minuten vor Ende der Garzeit mit auf das Rost legen.

4 Öffnen Sie vorsichtig den Bratschlauch und verteilen Sie das Gemüse auf Tellern. Filets aus den Päckchen nehmen, mit der Hautseite nach oben auf das Gemüse legen und mit dem Sud beträufeln. Mit frischem Thymian garnieren und sofort servieren.

Spinat mit Lachs

4 Port. 40 Min. Leicht

Zutaten

1 Zwiebel
2 Knoblauchzehen
1 EL Olivenöl
600 g TK-Blattspinat
etwas Salz
etwas Pfeffer
4 Lachsfilets
½ Zitrone, in Scheiben
ein paar Pfefferkörner

Nährwerte p. P.

400 kcal, 7 g kh,
25 g Fett, 35 g Eiweiß

1 Heizen Sie den Backofen auf 180 °C Umluft vor.

2 Schälen Sie die Zwiebel und die Knoblauchzehen und hacken Sie beides fein.

3 Erhitzen Sie Öl in einem Topf und dünsten Sie darin die Zwiebeln und den Knoblauch. Geben Sie den Blattspinat hinzu und dünsten Sie ihn mit.

4 Würzen Sie die Lachsfilets mit Salz und Pfeffer. Legen Sie sie in eine Auflaufform. Lassen Sie den Fisch ca. 25 Minuten im Ofen garen.

5 Schmecken Sie den Spinat mit ausreichend Salz und Pfeffer ab.

6 Verteilen Sie den Spinat auf vier Teller und drapieren Sie darauf je ein Lachsfilet. Garnieren Sie das Gericht mit Zitronenscheiben und Pfefferkörnern.

Spaghetti alla Vongole

4 Port. 20 Min. Leicht

Zutaten

350 g	Dinkelspaghetti
6 EL	Olivenöl
1	Zwiebel
2	Knoblauchzehen
1 Bund	Petersilie
125 ml	Weißwein
1 kg	Venusmuscheln
etwas	Salz
etwas	Pfeffer

Nährwerte p. P.

606 kcal, 70 g kh,
17 g Fett, 38 g Eiweiß

1 Kochen Sie die Spaghetti nach Packungsangabe. Währenddessen reinigen Sie die Muscheln gründlich unter fließendem Wasser. Schälen Sie Zwiebel und Knoblauch und hacken Sie beides fein. Waschen Sie die Petersilie, schütteln Sie sie trocken und hacken Sie sie fein.

2 Erhitzen Sie 5 EL Öl in einer Pfanne und geben Sie Zwiebeln und Knoblauch hinein. Braten Sie alles kurz an und geben Sie dann die Petersilie hinzu.

3 Erhitzen Sie das restliche Öl in einem Topf und geben Sie die Muscheln hinein. Gießen Sie den Wein ein und lassen Sie alles 5 Minuten zugedeckt köcheln. Lassen Sie die Muscheln gut abtropfen und geben Sie sie in die Pfanne. Salzen und pfeffern Sie alles.

4 Gießen Sie die Spaghetti ab und geben Sie sie noch feucht zu den Muscheln. Wenden Sie die Spaghetti, bis sie mit dem Sugo überzogen sind.

Kedgeree

4 Port. 30 Min. Leicht

Zutaten

- 400 g Schellfisch
- 2 EL Zitronensaft
- etwas Salz
- 4 Eier
- 1 Knoblauchzehe
- 1 Zwiebel
- 2 EL Butter
- 250 g Vollkornreis
- 2 TL Kurkuma
- je 1 Prise Cayennepfeffer & Kardamom, gemahlen
- 100 g TK-Erbsen
- 2 EL Koriandergrün

Nährwerte p. P.

512 kcal, 57 g kh, 17 g Fett, 33 g Eiweiß

1 Füllen Sie eine Pfanne 1 cm hoch mit Wasser. Geben Sie Zitronensaft, Fisch und Salz hinein und lassen Sie alles zugedeckt ca. 5 Minuten garen. Nehmen Sie den Fisch aus der Pfanne und stellen Sie ihn beiseite. Bewahren Sie den Sud auf.

2 Kochen Sie die Eier hart. Gießen Sie sie ab, schrecken Sie sie mit kaltem Wasser ab und vierteln Sie sie.

3 Schälen Sie Knoblauch und Zwiebel, würfeln Sie beides fein und dünsten Sie es in der Butter mit Kurkuma, Kardamom und Cayennepfeffer kurz an. Gießen Sie den Fischsud durch ein Sieb und füllen Sie ihn mit 450 ml Wasser auf. Geben Sie Erbsen und Reis hinein und lassen Sie alles ca. 20 Minuten garen.

4 Vermengen Sie den Fisch mit der Reis-Erbsen-Mischung und garnieren Sie das Gericht mit Eiern und Koriandergrün.

Gegrillte Lachsspieße

4 Port. 40 Min. Leicht

Zutaten

400 g Lachsfilet
3 EL Zitronensaft
4 EL Olivenöl
1 TL Senf
1 Zweig Basilikum
1 Zweig Thymian
1 Bund Petersilie
Salz und Pfeffer

Nährwerte p. P.

*258 kcal, 3 g kh,
18 g Fett, 21 g Eiweiß*

1 Brausen Sie die Lachsfilets ab und tupfen Sie sie trocken. Schneiden Sie sie in mundgerechte Stücke.

2 Verrühren Sie das Olivenöl mit Zitronensaft und Senf und schmecken Sie alles mit Salz und Pfeffer ab.

3 Waschen Sie Basilikum und Thymian und hacken Sie sie klein, geben Sie sie zur Marinade.

4 Spießen Sie die Lachsstücke auf, bestreichen Sie sie mit der Marinade und lassen Sie sie 30 Minuten ziehen. Garen Sie die Spieße anschließend auf dem Grill oder unter dem Backofengrill ca. 12 Minuten.

5 Waschen Sie die Petersilie und schütteln Sie sie trocken. Hacken Sie sie grob.

6 Legen Sie die fertigen Lachsspieße auf einen Teller und geben Sie die gehackte Petersilie darüber.

Ofenforelle mit Mandeln

2 Port. 45 Min. Leicht

Zutaten

2 küchenfertige Forellen (à ca. 350 g)
3 EL Mandelblättchen
1 Bio-Zitrone
2 EL Olivenöl
Salz nach Geschmack
frisch gemahlener schwarzer Pfeffer
2-3 Zweige frische Kräuter (z. B. Dill, Thymian oder Petersilie)

Ofenkartoffeln:

500 g kleine Kartoffeln
1 EL Olivenöl
Salz nach Geschmack

Nährwerte p. P.

520 kcal, 25 g kh, 30 g Fett, 38 g Eiweiß

1 Heizen Sie den Backofen auf 200 °C Ober-/Unterhitze vor.

2 Waschen Sie die Kartoffeln, halbieren oder vierteln Sie sie je nach Größe und mischen Sie sie mit Olivenöl und Salz. Verteilen Sie die Kartoffeln auf einem mit Backpapier belegten Blech und schieben Sie sie in den Ofen. Backen Sie sie etwa 30-35 Minuten, bis sie goldbraun und weich sind. Wenden Sie sie nach der Hälfte der Zeit einmal.

3 Spülen Sie die Forellen innen und außen kalt ab und tupfen Sie sie trocken. Würzen Sie die Forellen innen und außen mit Salz und Pfeffer. Füllen Sie die Bauchhöhlen mit frischen Kräutern.

4 Legen Sie die Forellen auf ein zweites, mit Backpapier belegtes Blech oder in eine Ofenform. Beträufeln Sie sie mit Olivenöl.

5 Waschen Sie die Zitrone heiß ab und schneiden Sie sie in Scheiben. Legen Sie die Zitronenscheiben auf und neben die Forellen.

6 Bestreuen Sie die Forellen gleichmäßig mit den Mandelblättchen.

7 Schieben Sie die Forellen zu den Kartoffeln in den Ofen und garen Sie sie etwa 20-25 Minuten, bis das Fleisch saftig ist, sich leicht von der Gräte lösen lässt und die Mandeln goldgelb geröstet sind.

8 Nehmen Sie Fisch und Kartoffeln aus dem Ofen und servieren Sie alles sofort.

Heilbutt mit Tomatensoße

2 Port. 35 Min. Leicht

Zutaten

- 2 Heilbuttfilets (ohne Haut)
- 1 kleine Zwiebel
- 1 Knoblauchzehe
- 400 g stückige Tomaten (Dose oder frisch gehackt)
- 2 EL Olivenöl
- Salz nach Geschmack
- frisch gemahlener schwarzer Pfeffer
- 3-4 Zweige frischer Thymian

Nährwerte p. P.

420 kcal, 10 g kh,
24 g Fett, 36 g Eiweiß

1 Schälen Sie Zwiebel und Knoblauch und hacken Sie beides fein. Erhitzen Sie das Öl in einer ofenfesten Pfanne und dünsten Sie die Zwiebel glasig. Geben Sie den Knoblauch hinzu und dünsten Sie ihn kurz mit, bis er aromatisch ist.

2 Stückige Tomaten zufügen, Soße mit Salz und Pfeffer würzen und 8-10 Minuten sanft einkochen lassen, bis sie leicht dicklich ist.

3 Legen Sie die Heilbuttfilets vorsichtig in die Tomatensoße. Bestreuen Sie den Fisch mit Thymian und drücken Sie ihn leicht in die Soße, sodass er teilweise bedeckt ist.

4 Pfanne abdecken und Heilbutt 10-12 Minuten garen, bis er glasig-weiß ist und sich leicht zerteilen lässt.

5 Nehmen Sie die Pfanne vom Herd und bestreuen Sie das Gericht nochmals mit Thymian. Servieren Sie den Heilbutt direkt in der Pfanne oder auf vorgewärmten Tellern.

Vegetarische Hauptgerichte

Kürbisrisotto

4 Port. 30 Min. Leicht

Zutaten

900 ml Gemüsebrühe, hefefrei
800 g Hokkaido-Kürbis
250 g Vollkornreis
100 ml Weißwein
75 g Zwiebeln
1 Knoblauchzehe
75 g Hartkäse
50 g Butter
5 EL Olivenöl
etwas Salz & Pfeffer
ein paar Petersilienblätter zum Dekorieren

Nährwerte p. P.

550 kcal, 65 g kh,
30 g Fett, 20 g Eiweiß

1 Backofen auf 180 °C Ober-/Unterhitze vorheizen. Hokkaido-Kürbis waschen, abtrocknen, entkernen und würfeln. Würfel mit 4 EL Öl, Salz und Pfeffer vermengen, gleichmäßig auf einem mit Backpapier belegten Backblech verteilen und 15 Minuten in den Ofen geben.

2 Gemüsebrühe in einem Topf aufkochen lassen und warm halten.

3 Knoblauch und Zwiebeln schälen und würfeln. Butter in einem Topf erhitzen und 1 EL Öl zufügen. Zwiebel- und Knoblauchwürfel darin andünsten, Reis zufügen und alles gut umrühren, bis der Reis mit Fett überzogen ist.

4 Alles mit Weißwein ablöschen, diesen verkochen lassen und löffelweise Brühe zufügen.

5 Hartkäse unterrühren, Kürbis dazugeben, alles miteinander vermengen und mit Salz und Pfeffer abschmecken. Gericht mit Petersilienblättern garnieren.

Rote-Beete-Ravioli

2 Port. 45 Min. Leicht

Zutaten

- 200 g Hartweizengrieß
- 100 g Rote Beete (gekocht, fein püriert)
- 1 Ei (Größe M)
- 1-2 EL Wasser (n. B.)
- Salz nach Geschmack
- 150 g Ricotta
- 40 g Walnüsse (sehr fein gehackt oder gemahlen)
- frisch gemahlener schwarzer Pfeffer
- Salz nach Geschmack
- einige Blätter frischer Rucola zum Servieren

Nährwerte p. P.

520 kcal, 48 g kh,
26 g Fett, 20 g Eiweiß

1 Hartweizengrieß, Rote-Beete-Püree, Ei, 1 Prise Salz und ggf. etwas Wasser in eine Schüssel geben und alles zu einem glatten, elastischen Pastateig verkneten. Teig in ein Tuch wickeln und ca. 20 Minuten ruhen lassen.

2 Vermengen Sie Ricotta mit Walnüssen, Salz und Pfeffer zu einer glatten, formstabilen Füllung.

3 Teig sehr dünn ausrollen. Mit einem Teelöffel kleine Portionen der Füllung mit Abstand auf eine Teigbahn setzen, eine zweite Teigbahn darüberlegen, Zwischenräume festdrücken und Ravioli ausstechen.

4 Bringen Sie reichlich Salzwasser zum Sieden, geben Sie die Ravioli hinein und lassen Sie sie 3-4 Minuten sanft garen, bis sie an die Oberfläche steigen. Heben Sie die Ravioli vorsichtig heraus und lassen Sie sie gut abtropfen.

5 Rote-Beete-Ravioli auf Tellern anrichten und mit Rucola garnieren.

Zucchininudeln

2 Port. 20 Min. Leicht

Zutaten

500 g Zucchini
40 g Ricotta
1 TL Kurkuma
1 Prise Salz
1 Prise Pfeffer
ein paar Basilikumblätter zum Dekorieren

Nährwerte p. P.

90 kcal, 8 g kh,
4 g Fett, 4 g Eiweiß

1 Waschen Sie die Zucchini und schneiden Sie die Enden ab. Stellen Sie mit dem Spiralschneider lange Zucchini-Nudeln her.

2 Blanchieren Sie die Zucchini-Nudeln 2-3 Minuten in Salzwasser und gießen Sie dann das Wasser ab.

3 Geben Sie den Ricotta zu den Nudeln und vermengen Sie alles gut miteinander.

4 Geben Sie die Gewürze hinzu und vermischen Sie die Nudeln noch einmal.

5 Garnieren Sie das Gericht mit ein paar Basilikumblättern.

Kohl-Pilz-Pfanne

2 Port. 25 Min. Leicht

Zutaten

500 g Champignons	
1 Kopf Blumenkohl	
1 Kopf Brokkoli	
250 g Rosenkohl	
etwas Salz	
etwas Pfeffer	
etwas Öl zum Anbraten	

Nährwerte p. P.

230 kcal, 23 g kh,
11 g Fett, 13 g Eiweiß

1 Waschen Sie Blumenkohl und Brokkoli und schneiden Sie sie in kleine Röschen.

2 Putzen Sie die Champignons und schneiden Sie sie in grobe Scheiben.

3 Putzen Sie den Rosenkohl und halbieren Sie die einzelnen Köpfchen, sollten sie zu groß sein.

4 Erhitzen Sie Öl in einer Pfanne. Geben Sie zuerst den Rosenkohl hinzu und danach die Brokkoli- und Blumenkohlröschen. Vermengen Sie alles miteinander.

5 Geben Sie die Champignons hinzu und mischen Sie alle Zutaten noch einmal miteinander.

6 Würzen Sie die Zutaten mit Salz und Pfeffer und lassen Sie alles ca. 15 Minuten köcheln, bis das Gemüse gar ist.

Kartoffel-Kohlrabi-Gratin

4 Port. 50 Min. Leicht

Zutaten

2 Kohlrabi
500 g Kartoffeln
1 Prise Salz
1 Prise Pfeffer
100 ml Gemüsebrühe, hefefrei
200 ml Hafermilch
2 Eier
1 Handvoll Petersilie zum Dekorieren

Nährwerte p. P.

266 kcal, 34 g kh,
11 g Fett, 11 g Eiweiß

1 Schälen Sie die Kartoffeln und die Kohlrabi und schneiden Sie alles in dünne Scheiben oder hobeln Sie beides.

2 Geben Sie das Gemüse in eine Auflaufform und würzen Sie alles mit Salz und Pfeffer.

3 Heizen Sie den Backofen auf 200 °C Ober-/Unterhitze vor. Waschen Sie die Petersilie und schütteln Sie sie trocken. Hacken Sie sie grob.

4 Verrühren Sie in einer Schüssel etwas Petersilie, Milch, Eier und Brühe. Gießen Sie die Mischung über das Gemüse.

5 Backen Sie das Gratin ca. 40 Minuten. Garnieren Sie es mit der restlichen Petersilie.

Auberginenauflauf

4 Port. 40 Min. Leicht

Zutaten

750 g Auberginen
1 Zwiebel
1 Knoblauchzehe
3 EL Olivenöl
400 g Tomaten (aus der Dose)
200 g Mozzarella
20 g Hartkäse, gerieben
Salz, Pfeffer, Oregano
frisches Basilikum

Nährwerte p. P.

290 kcal, 8 g kh,
20 g Fett, 16 g Eiweiß

1 Ofen auf 220 °C Ober-/Unterhitze vorheizen. Auberginen waschen, trocken tupfen und in Scheiben schneiden. Diese auf ein mit Backpapier belegtes Blech legen und 5-7 Minuten im Ofen grillen. Ofen anschließend eingeschaltet lassen.

2 Währenddessen Zwiebel und Knoblauch schälen, Zwiebel in Ringe schneiden und Knoblauch würfeln. Basilikum waschen, trocken schütteln, Blätter abzupfen und in feine Streifen schneiden.

3 Zwiebel und Knoblauch in einer Pfanne in Öl andünsten. Tomaten zufügen, mit Salz, Pfeffer und Oregano würzen und Soße 8-10 Minuten offen einkochen lassen.

4 Mozzarella in Scheiben schneiden. Etwas Tomatensoße in eine Auflaufform geben, dann abwechselnd Auberginen, Soße und Mozzarella schichten. Mit Mozzarella und Hartkäse enden.

5 Auflauf in der Ofenmitte 15-20 Minuten backen und mit Basilikum garnieren.

Brokkolipizza

2 Port. 30 Min. Leicht

Zutaten

- 350 g Brokkoli
- 2 EL Kokosmehl
- 1 EL Käse, gerieben
- 2 TL Flohsamenschalenpulver
- 2 TL Hefeflocken
- je ½ TL Salz & Pfeffer
- 100 g Champignons
- 70 g Mozzarella
- ½ Bund Petersilie
- 1 Avocado
- ½ Zitrone

Nährwerte p. P.

400 kcal, 9 g kh, 33 g Fett, 18 g Eiweiß

1 Heizen Sie den Backofen auf 240 °C Ober-/Unterhitze vor und legen Sie ein Backblech mit Backpapier aus.

2 Schneiden Sie den Brokkoli in Stücke, waschen Sie ihn gründlich und zerkleinern Sie ihn in einem Multizerkleinerer fein. Geben Sie die Brokkolimasse in eine Schüssel und fügen Sie Kokosmehl, geriebenen Käse, Flohsamenschalenpulver, Hefeflocken sowie Salz und Pfeffer hinzu. Vermengen Sie alles sorgfältig zu einer gleichmäßigen Masse.

3 Streichen Sie die Masse in Pizzaform auf das vorbereitete Backblech und backen Sie den Boden für etwa 12 Minuten auf der untersten Schiene vor.

4 In der Zwischenzeit putzen Sie die Champignons und schneiden sie in feine Scheiben. Schneiden Sie auch den Mozzarella in dünne Scheiben. Waschen Sie die Petersilie, schütteln Sie sie trocken und zupfen Sie die Blätter ab.

5 Belegen Sie den vorgebackenen Brokkoli-Pizzaboden mit den Champignons und dem Mozzarella. Backen Sie die Pizza anschließend für weitere 5 Minuten fertig. Währenddessen schälen Sie die Avocado, schneiden sie in Scheiben und beträufeln diese mit etwas Zitronensaft.

6 Garnieren Sie die fertige Pizza mit den Avocadoscheiben und bestreuen Sie sie mit frischer Petersilie.

Brokkoli-Feta-Frikadellen

2 Port. 30 Min. Leicht

Zutaten

250 g Brokkoli	
120 g Feta (mit mikrobiellem oder pflanzlichem Lab hergestellt)	
2 Eier (Größe M)	
50 g Haferflocken (zart)	
1 kleine Zwiebel	
1 Knoblauchzehe	
3 EL Olivenöl	
Salz nach Geschmack	
frisch gemahlener schwarzer Pfeffer	
3-4 EL Tomatenketchup	

Nährwerte p. P.

480 kcal, 22 g kh,
30 g Fett, 24 g Eiweiß

1 Brokkoli in kleine Röschen zerteilen und sehr fein hacken. Alternativ blanchieren Sie den Brokkoli kurz in kochendem Wasser und lassen ihn gut abtropfen, sodass keine überschüssige Feuchtigkeit bleibt.

2 Zwiebel und Knoblauch schälen und sehr fein hacken. Feta zerbröseln.

3 Brokkoli, Zwiebel, Knoblauch, Feta, Eier, Haferflocken, Salz und Pfeffer in eine Schüssel geben und alles zu einer gut formbaren Masse vermengen. Masse kurz quellen lassen.

4 Olivenöl portionsweise in einer großen Pfanne erhitzen. Aus der Masse kleine, flache Frikadellen formen und von beiden Seiten goldbraun braten, bis sie außen knusprig und innen saftig sind. Frikadellen aus der Pfanne nehmen und kurz auf Küchenpapier abtropfen lassen.

5 Brokkoli-Feta-Frikadellen auf einer Platte anrichten und den Ketchup separat servieren.

Brennnesselspinat

4 Port. 15 Min. Leicht

Zutaten

500 g junge Brennnesseln	
2 Knoblauchzehen	
1 Zwiebel	
1 EL Butter	
2 EL Mehl	
75 ml Hafercuisine	
je 1 Prise Salz, Pfeffer & Muskat	

Nährwerte p. P.

131 kcal, 8 g kh,
4 g Fett, 11 g Eiweiß

1 Geben Sie die Brennnesseltriebe in eine Schüssel und übergießen Sie sie mit kochend heißem Wasser. Lassen Sie die Blätter kurz ziehen, geben Sie sie in ein Sieb, schrecken Sie sie mit kaltem Wasser ab und lassen Sie sie gut abtropfen.

2 Schälen Sie Knoblauch und Zwiebel und hacken Sie beides fein. Lassen Sie die Butter in einem Topf zergehen und dünsten Sie die Zwiebelwürfel darin glasig. Geben Sie den Knoblauch dazu, bestäuben Sie das Ganze mit Mehl und rühren Sie gut, sodass eine Mehlschwitze entsteht.

3 Hacken Sie die Brennnesselblätter fein. Geben Sie diese in die Mehlschwitze und erwärmen Sie die Masse unter Rühren für 3-4 Minuten.

4 Verfeinern Sie das Gericht mit Hafercuisine und schmecken sie mit Salz, Pfeffer und Muskat ab.

Tipp: Als Beilagen eignet sich Quinoa, Hirse oder Ofengemüse.

Quiche Lorraine

4 Port. 100 Min. Leicht

Zutaten

Für den Boden:

- 175 g Dinkelmehl
- 85 g kalte Margarine
- etwas Salz
- 3 EL gemahlene Leinsamen

Für den Guss:

- 400 g Seidentofu
- 2 EL Sojamehl
- 3 EL Olivenöl
- 1 EL Speisestärke
- 2 EL Gouda
- etwas frisch geriebene Muskatnuss
- 1 Spritzer Zitrone
- etwas Salz & Pfeffer

Für die Füllung:

- 4-5 Kartoffeln
- 1 Zucchini
- 1 Zwiebel
- 1 Knoblauchzehe
- 3 Zweige Thymian
- 1 EL Olivenöl
- etwas Petersilie

Nährwerte p. P.

657 kcal, 62 g kh, 35 g Fett, 20 g Eiweiß

1 Füllen Sie Mehl in eine Schüssel und fügen Sie die Margarine in Stücken hinzu. Geben Sie Salz, 1 EL Leinsamen und 40 ml kaltes Wasser dazu und kneten Sie alles zu einem glatten Teig. Formen Sie eine Kugel und stellen Sie diese 30 Minuten kalt.

2 Geben Sie für den Guss alle Zutaten in einen Mixer und pürieren Sie sie zu einer glatten Masse.

3 Für die Füllung waschen und schälen Sie die Kartoffeln. Waschen Sie die Zucchini und schneiden Sie die Enden ab. Schneiden Sie alles in kleine Stücke.

4 Schälen Sie Zwiebel und Knoblauch und hacken Sie beides fein. Waschen Sie den Thymian, schütteln Sie ihn trocken und streifen Sie die Blätter ab. Erhitzen Sie Öl in einer Pfanne und braten Sie die Zwiebeln und den Knoblauch kurz an.

5 Geben Sie Kartoffeln, Zucchini und Thymian hinzu und lassen Sie alles zugedeckt ca. 5 Minuten schmoren.

6 Heizen Sie den Backofen auf 180 °C Umluft vor und fetten Sie eine Springform ein. Nehmen Sie den Teig aus dem Kühlschrank, rollen Sie ihn aus und legen Sie ihn in die Springform. Formen Sie einen 3-4 cm hohen Rand und bestreuen Sie den Boden mit 2 EL Leinsamen.

7 Verteilen Sie die Gemüse-Guss-Mischung gleichmäßig auf dem Teig und backen Sie die Quiche ca. 60 Minuten.

8 Garnieren Sie die Quiche mit Petersilie.

Blumenkohlsteaks in Kräuterkruste

2 Port. 45 Min. Leicht

Zutaten

- 1 großer Blumenkohl
- 3 EL Olivenöl
- 100 g Hartkäse, gerieben
- 1 Knoblauchzehe
- 1 TL getrocknete Kräuter (z. B. Thymian, Oregano oder Kräutermischung)
- Salz nach Geschmack
- frisch gemahlener schwarzer Pfeffer
- einige frische Basilikumblätter zum Garnieren

Nährwerte p. P.

420 kcal, 14 g kh, 30 g Fett, 22 g Eiweiß

1 Backofen auf 200 °C Ober-/Unterhitze vorheizen. Äußere Blätter des Blumenkohls entfernen und Blumenkohl längs in 2-3 cm dicke Scheiben schneiden.

2 Blumenkohlsteaks nebeneinander auf ein mit Backpapier belegtes Blech legen, mit 2 EL Öl beträufeln, mit Salz und Pfeffer würzen und ca. 20 Minuten backen, nach der Hälfte der Zeit vorsichtig wenden.

3 Knoblauch schälen und fein reiben. Hartkäse mit Knoblauch, Kräutern und restlichem Öl vermengen.

4 Blech aus dem Ofen nehmen und Käse-Kräuter-Mischung auf den Blumenkohlsteaks verteilen. Blech erneut in den Ofen geben und alles weitere 10 Minuten backen, bis der Käse geschmolzen ist und eine goldbraune Kruste bildet.

5 Blumenkohlsteaks aus dem Ofen nehmen und mit frischen Basilikumblättern garnieren.

Bärlauch-Spargel-Pasta

2 Port. 20 Min. Leicht

Zutaten

250 g Pasta (z. B. Fusilli)
300 g grüner Spargel
1 kleine Zwiebel
1 Knoblauchzehe
150 ml Sahne
30 g Hartkäse, gerieben
2 EL Olivenöl
Salz & schwarzer Pfeffer
1 Bund frischer Bärlauch
einige frische Kräuterblätter (z. B. Basilikum oder Bärlauch) zum Garnieren

Nährwerte p. P.

620 kcal, 62 g kh,
32 g Fett, 18 g Eiweiß

1 Reichlich Salzwasser zum Kochen bringen und Pasta darin al dente garen, anschließend abgießen und etwas Kochwasser aufbewahren.

2 Spargel waschen, Enden abschneiden und Stangen in mundgerechte Stücke schneiden. Zwiebel und Knoblauch schälen und fein hacken.

3 Olivenöl in einer großen Pfanne erhitzen und Zwiebel und Knoblauch darin glasig dünsten. Spargel in die Pfanne geben und einige Minuten anbraten, bis er bissfest ist. Sahne dazugießen und kurz aufkochen lassen. Hartkäse unterrühren, bis eine cremige Sauce entsteht, und alles mit Salz und Pfeffer würzen.

4 Bärlauch grob schneiden, mit Pasta zur Sauce geben und alles vorsichtig vermengen. Falls nötig, etwas Pastakochwasser zufügen, um die gewünschte Cremigkeit zu erreichen.

5 Bärlauch-Spargel-Pasta in Schalen anrichten und mit frischen Kräuterblättern garnieren.

Polenta-Käse-Schnitten

2 Port. 50 Min. Leicht

Zutaten

- 1 Bund Frühlingszwiebeln
- 150 g Polenta
- 600 ml milde Gemüsebrühe
- 150 g Käse
- 200 g Kirschtomaten
- 2 EL Olivenöl
- Salz nach Geschmack
- frisch gemahlener schwarzer Pfeffer
- 1 TL getrocknete Kräuter (z. B. Thymian, Oregano)
- 1 kleine Handvoll Kresse

Nährwerte p. P.

420 kcal, 42 g kh,
20 g Fett, 18 g Eiweiß

1 Gemüsebrühe zum Kochen bringen, Polenta einrühren und einige Minuten quellen lassen, bis eine dicke, glatte Masse entsteht. Polenta mit Salz und Pfeffer würzen.

2 Topf vom Herd nehmen und 1 EL Öl unterrühren. Käse grob schneiden und etwa zwei Drittel davon unter die Polenta heben. Tomaten waschen, halbieren und vorsichtig unter die Polentamasse heben.

3 Polenta 2-3 cm dick in eine mit dem restlichen Öl gefettete Form streichen. Übrigen Käse darauf verteilen und alles mit Kräutern bestreuen.

4 Polenta im vorgeheizten Backofen bei 180 °C Ober-/Unterhitze 30-35 Minuten backen, bis der Käse geschmolzen ist und die Oberfläche leicht goldgelb wird.

5 Polenta aus dem Ofen nehmen, kurz abkühlen lassen und in Quadrate schneiden. Polentaschnitten mit Kresse garnieren.

Vegane Hauptgerichte

Linsen-Tomaten-Curry

4 Port. 20 Min. Leicht

Zutaten

- 1 Zwiebel
- 2 Knoblauchzehen
- 2 cm frischer Ingwer
- 2 frische rote Chilischoten
- 1 rote Paprika
- 800 ml passierte Tomaten
- 200 g rote Linsen, ungekocht
- 1 TL rote Currypaste
- 1 TL Kurkuma
- 1 TL Koriander
- etwas Salz & Pfeffer
- 1 EL Olivenöl
- 1 Bund Petersilie
- 1 Zitrone zum Dekorieren

1 Schälen Sie Zwiebel, Knoblauch, Ingwer und Chilis und schneiden Sie alles klein. Waschen Sie die Paprika und schneiden Sie sie in kleine Würfel.

2 Erhitzen Sie das Öl in einer Pfanne und braten Sie alles scharf an.

3 Geben Sie alle Gewürze hinzu. Fügen Sie die Tomaten und die Linsen hinzu und lassen Sie alles weich kochen.

4 Waschen Sie die Petersilie und schütteln Sie sie trocken. Hacken Sie sie grob.

5 Waschen Sie die Zitrone heiß ab und schneiden Sie sie in Scheiben.

6 Garnieren Sie das Gericht mit einer Zitronenscheibe und Petersilie.

Nährwerte p. P.

199 kcal, 26 g kh, 5 g Fett, 2 g Eiweiß

Avocado-Pasta

3 Port. 20 Min. Leicht

Zutaten

- 300 g Dinkelrigatoni
- 2 Avocados
- Saft einer Zitrone
- 1 Knoblauchzehe
- 1 Handvoll Petersilie
- 2 TL Hefeflocken

Nährwerte p. P.

152 kcal, 108 g kh, 76 g Fett, 30 g Eiweiß

1 Kochen Sie die Rigatoni nach Packungsangabe.

2 Schälen Sie die Avocados und entnehmen Sie mit einem Löffel das Fruchtfleisch. Geben Sie die Avocados zusammen mit den restlichen Zutaten in einen Mixer. Zerkleinern Sie die Zutaten zu einer cremigen Masse.

3 Gießen Sie die Nudeln ab und fangen Sie dabei etwas Nudelwasser auf.

4 Geben Sie 4-5 EL Nudelwasser zur Avocado-Masse und verrühren Sie alles zu einer cremigen Soße.

5 Vermischen Sie die Nudeln mit der Soße. Optional streuen Sie noch etwas Hefeflocken über das Gericht.

Buchweizen mit gebackenem Chicorée

2 Port. 55 Min. Leicht

Zutaten

- 120 g Buchweizen
- 300 ml Wasser
- 2 Chicorées
- 1 EL Olivenöl
- Salz nach Geschmack
- 80 g Granatapfelkerne
- 1 Orange, filetiert
- 1-2 TL heller Sesam
- 1 kleine Handvoll frischer Rucola

Tofu:

- 200 g fester Naturtofu
- 1 EL Olivenöl
- Salz nach Geschmack

Nährwerte p. P.

520 kcal, 55 g kh,
22 g Fett, 22 g Eiweiß

1 Spülen Sie den Buchweizen heiß in einem feinen Sieb ab. Geben Sie ihn mit dem Wasser und etwas Salz in einen Topf, bringen Sie alles zum Kochen und lassen Sie den Buchweizen bei niedriger Hitze etwa 12-15 Minuten sanft garen, bis das Wasser aufgenommen ist. Lockern Sie den Buchweizen mit einer Gabel auf und stellen Sie ihn beiseite.

2 Heizen Sie den Backofen auf 200 °C Ober-/Unterhitze vor. Entfernen Sie den Strunk der Chicorées und halbieren Sie sie längs. Legen Sie die Chicoréehälften in eine ofenfeste Form, beträufeln Sie sie mit Öl und würzen Sie sie leicht mit Salz. Backen Sie den Chicorée 25-30 Minuten, bis er weich ist und kräftige Röstaromen zeigt.

3 Schneiden Sie den Tofu in Würfel. Erhitzen Sie das Öl in einer Pfanne und braten Sie die Tofuwürfel rundum goldbraun und knusprig an. Würzen Sie sie leicht mit Salz.

4 Mischen Sie die Granatapfelkerne unter den warmen Buchweizen.

5 Richten Sie den Buchweizen auf Tellern an. Verteilen Sie Chicorée und Tofuwürfel darauf und legen Sie die Orangenstücke dazwischen.

6 Bestreuen Sie das Gericht mit Sesam und garnieren Sie es mit Rucola.

Gemüse-Pommes mit Ketchup

4 Port. 45 Min. Leicht

Zutaten

1 kg gemischtes Gemüse wie Rote Beete, Pastinake, Karotte
2 Thymianzweige
4 EL Olivenöl
etwas Salz & Pfeffer
150 g Äpfel
1 kl. Zwiebel
80 g Tomatenmark

Nährwerte p. P.

209 kcal, 14 g kh,
16 g Fett, 3 g Eiweiß

1 Gemüse schälen, in fingerdicke Stifte scheiden und 2 Minuten in kochendem Salzwasser garen.

2 Gemüsesticks mit kaltem Wasser abschrecken. Thymian waschen und trocken schütteln.

3 Thymianblättchen mit Öl mischen und alles mit Salz und Pfeffer würzen. Ein Backblech mit Backpapier belegen und Backofen auf 180 °C Umluft vorheizen.

4 Gemüsesticks gleichmäßig auf dem Backblech verteilen und ca. 30 Minuten backen, zwischendurch wenden. Temperatur für die letzten 5 Minuten auf 220 °C erhöhen.

5 Apfel schälen, entkernen und vierteln. Zwiebel schälen und klein schneiden. Beides kurz in einer Pfanne andünsten. Tomatenmark, Salz und Pfeffer zufügen und alles 5 Minuten köcheln lassen.

6 Masse mit einem Pürierstab zu Ketchup pürieren und diesen zu den Pommes servieren.

Gebackener Zitronen-Fenchel

2 Port. 40 Min. Leicht

Zutaten

2 Fenchelknollen
2 EL Olivenöl extra vergine
Abrieb einer Bio-Zitrone
Salz nach Geschmack
frisch gemahlener schwarzer Pfeffer

Nährwerte p. P.

190 kcal, 12 g kh, 14 g Fett, 2 g Eiweiß

1 Heizen Sie den Backofen auf 200 °C Ober-/Unterhitze vor.

2 Waschen Sie die Fenchelknollen, entfernen Sie den Strunk und schneiden Sie den Fenchel längs in gleichmäßige Spalten. Tupfen Sie den Fenchel bei Bedarf trocken.

3 Legen Sie die Fenchelspalten nebeneinander in eine ofenfeste Form. Beträufeln Sie sie gleichmäßig mit dem Olivenöl und würzen Sie sie mit Salz und Pfeffer.

4 Backen Sie den Fenchel auf mittlerer Schiene 25-30 Minuten, bis er weich ist und an den Rändern leicht goldgelb wird. Wenden Sie die Spalten nach der Hälfte der Zeit einmal.

5 Nehmen Sie den Fenchel aus dem Ofen und bestreuen Sie ihn sofort mit dem frisch geriebenen Zitronenabrieb.

6 Servieren Sie den gebackenen Fenchel warm.

Kichererbsen-Auberginen-Curry

4 Port. 40 Min. Leicht

Zutaten

- 100 ml Kokosöl
- 2 Auberginen
- 1 Süßkartoffel
- 1 Zwiebel
- 4 Knoblauchzehen
- 3 cm Ingwer
- 1 TL Chilipulver
- ½ TL Kurkumapulver
- 2 TL Paprikapulver
- 1 TL Korianderpulver
- 1 TL Kreuzkümmel
- ½ TL Garam Masala
- 4 EL Tomatenmark
- 500 ml Wasser
- 1 Dose Kichererbsen
- etwas frischer Koriander
- etwas Salz

Nährwerte p. P.

450 kcal, 55 g kh,
25 g Fett, 12 g Eiweiß

1 Schneiden Sie die Auberginen in 2-3 cm dicke Scheiben, bestreuen Sie sie mit Salz und lassen Sie sie 5 Minuten ruhen. Schälen Sie die Süßkartoffel und schneiden Sie sie in kleine Stücke. Schälen Sie die Zwieel und schneiden Sie sie klein.

2 Schälen Sie Knoblauch und Ingwer und stampfen Sie diese in einem Mörser zu einer Paste.

3 Tupfen Sie die Auberginen mit einem Geschirrtuch trocken. Erhitzen Sie das Öl in einer Pfanne und braten Sie die Auberginen von beiden Seiten goldbraun an. Nehmen Sie die Auberginen ohne das Bratfett heraus.

4 Geben Sie die Zwiebel in dieselbe Pfanne und schwitzen Sie sie an. Geben Sie die Knoblauch-Ingwerpaste und die Gewürze dazu und braten Sie alles kurz auf hoher Hitze an. Fügen Sie eventuell etwas Wasser hinzu, damit die Gewürze nicht verbrennen.

5 Geben Sie das Tomatenmark dazu und braten Sie alles weitere 1-2 Minuten an. Löschen Sie mit Wasser ab, lassen Sie alles einmal aufkochen und reduzieren Sie die Hitze. Geben Sie die Süßkartoffeln dazu und lassen Sie das Gericht etwa 15 Minuten köcheln.

6 Heben Sie Kichererbsen und Auberginen unter und lassen Sie alles weitere 5 Minuten köcheln.

7 Garnieren Sie das Gericht mit Koriander.

Tipp: Reis passt sehr gut dazu.

Kürbis-Gnocchi

4 Port. 40 Min. Leicht

Zutaten

600 g Kartoffeln
1 Hokkaido-Kürbis
etwas Salz
50 g Stärke
350 g Dinkelmehl
Salbeiblätter zum Dekorieren

Nährwerte p. P.

350 kcal, 70 g kh,
2 g Fett, 10 g Eiweiß

1 Halbieren Sie den Kürbis. Entfernen Sie die Kerne und schneiden Sie das Fruchtfleisch in grobe Stücke. Kochen Sie den Kürbis etwa 20 Minuten, bis er weich ist.

2 Kochen Sie die Kartoffeln in Salzwasser. Lassen Sie sie ausdampfen und stampfen Sie sie fein.

3 Pürieren Sie die Kürbiskerne zu einer glatten Masse.

4 Geben Sie Kürbispüree, Kartoffeln, Stärke, Mehl und Salz in eine Schüssel und verkneten Sie alles zu einem geschmeidigen Teig. Formen Sie Gnocchi aus dem Teig.

5 Waschen Sie die Salbeiblätter und schütteln Sie sie trocken.

6 Kochen Sie die Gnocchi in Salzwasser, bis sie an die Oberfläche steigen.

7 Richten Sie die Gnocchi auf Tellern an und garnieren Sie sie mit Salbeiblättern.

Geschmorte Kräuter-Artischocken

2 Port. 40 Min. Leicht

Zutaten

- 6-8 kleine Artischocken
- 3 EL Olivenöl extra vergine
- 1 Knoblauchzehe
- 3-4 Zweige frischer Thymian
- Salz nach Geschmack
- frisch gemahlener schwarzer Pfeffer
- optional: etwas Zitronensaft

Nährwerte p. P.

260 kcal, 14 g kh,
20 g Fett, 4 g Eiweiß

1 Äußere harte Blätter der Artischocken entfernen, obere Blattspitzen abschneiden und Stiele kürzen. Größere Artischocken halbieren und Schnittflächen ggf. leicht mit Zitronensaft einreiben, damit sie nicht oxidieren.

2 Knoblauch schälen und leicht andrücken.

3 Öl in einer Pfanne erhitzen, Artischocken mit der Schnittfläche nach unten hineingeben und langsam anbraten, bis sie leicht gebräunt sind. Knoblauch und Thymian zufügen und alles mit Salz und Pfeffer würzen. Hitze reduzieren, Pfanne abdecken und Artischocken 25-30 Minuten schmoren lassen. Zwischendurch wenden, damit sie gleichmäßig garen und im Öl bleiben.

4 Die Artischocken sind fertig, wenn sie weich sind und sich ein Messer leicht einstechen lässt, dabei aber noch ihre Form behalten.

5 Knoblauch entfernen und Artischocken heiß oder lauwarm direkt in der Pfanne servieren.

Indisches Chana Masala

4 Port. 40 Min. Leicht

Zutaten

- 3 rote Zwiebeln
- 1 Tomate
- 800 g Kichererbsen, Dose
- 1 Ingwer
- 2 Knoblauchzehen
- 1 getrocknete Chilischote
- 1 EL Koriandersamen
- 1 EL Kreuzkümmelsamen
- ½ EL Fenchelsamen
- 12 schwarze Pfefferkörner
- 2 Stücke Kardamom
- 2 TL Kurkuma
- 1 TL Korianderpulver
- etwas Öl zum Anbraten
- etwas Petersilie

Nährwerte p. P.

400 kcal, 65 g kh,
7 g Fett, 18 g Eiweiß

1 Schälen Sie Zwiebeln, Knoblauch und Ingwer und schneiden Sie alles in kleine Stücke.

2 Erhitzen Sie eine kleine Pfanne und rösten Sie darin Chili, Koriander, Kreuzkümmel, Fenchelsamen, Pfeffer und ein Stück Kardamom für ca. 30 Sekunden ohne Öl an.

3 Häckseln Sie die Gewürze im Mixer, damit eine Gewürzmischung entsteht.

4 Erhitzen Sie Öl in einer Pfanne und schwitzen Sie Zwiebel, Knoblauch und Ingwer an. Pürieren Sie das angeschwitzte Gemüse im Mixer.

5 Erhitzen Sie Öl in einer Pfanne und geben Sie die Mischung, die Gewürzmischung und den restlichen Kardamom hinzu.

6 Waschen Sie die Tomate und schneiden Sie sie in Stücke. Geben Sie sie in die Pfanne und mischen Sie alles gut durch. Rühren Sie Kurkuma und Korianderpulver unter.

7 Geben Sie die Kichererbsen in einen Topf mit kochendem Wasser und lassen Sie sie ca. 15 Minuten köcheln. Gießen Sie die Kichererbsen ab und lassen Sie sie gut abtropfen.

8 Geben Sie die Kichererbsen zu den anderen Zutaten und vermengen Sie alles. Waschen Sie die Petersilie und schütteln Sie sie trocken. Hacken Sie sie grob.

9 Geben Sie das Gericht in eine Schale und garnieren Sie es mit Petersilie.

Aloo Palak – Kartoffel-Spinat-Curry

2 Port. 30 Min. Leicht

Zutaten

400 g Kartoffeln
2 EL Olivenöl
1 TL Kreuzkümmelsamen
2 Zwiebeln
3 Knoblauchzehen
2 grüne Chilischoten
2 cm Ingwer
1 TL Kurkuma
½ TL Chilipulver
1 TL Garam Masala
500 g TK-Spinat
etwas Salz & Pfeffer
etwas Petersilie

Nährwerte p. P.

297 kcal, 36 g kh,
15 g Fett, 5 g Eiweiß

1 Schälen Sie die Kartoffeln und schneiden Sie sie in Würfel.

2 Erhitzen Sie das Öl in einer Pfanne und geben Sie die Kreuzkümmelsamen hinein. Rösten Sie sie kurz an.

3 Schälen Sie Zwiebeln, Knoblauch, Ingwer und Chilis und hacken Sie alles fein. Geben Sie alles in die Pfanne und braten Sie es goldbraun an.

4 Geben Sie Kartoffeln und einen Schuss Wasser hinzu und garen Sie alles zugedeckt, bis die Kartoffeln weich sind.

5 Würzen Sie die Mischung mit Garam Masala, Chilipulver und Kurkuma.

6 Fügen Sie den Spinat hinzu und vermengen Sie alles gut miteinander. Schmecken Sie das Gericht mit Salz und Pfeffer ab.

7 Waschen Sie die Petersilie, schütteln Sie sie trocken und garnieren Sie das Gericht damit.

„Rührei“

2 Port. 15 Min. Leicht

Zutaten

- 200 g fester Tofu
- 1 Karotte
- 200 g Spinat
- 1 EL Olivenöl
- 2 EL Sojacreme
- 1 TL getrocknete Kräuter
- 1 Prise Salz
- 1 Prise Pfeffer
- 1 EL Kurkumapulver

Nährwerte p. P.

209 kcal, 7 g kh,
13 g Fett, 11 g Eiweiß

1 Zerkrümeln Sie den Tofu mit einer Gabel. Waschen Sie den Spinat, schälen Sie die Karotte und schneiden Sie diese klein.

2 Geben Sie Öl in eine Pfanne und braten Sie die Karotte ca. 5 Minuten an. Geben Sie dann Tofu und Spinat für eine weitere Minute hinzu.

3 Geben Sie das Kurkumapulver hinzu.

4 Fügen Sie die Kräuter und die restlichen Gewürze sowie die Sojacreme bei und vermengen Sie alles.

Gemüse-Bowl

2 Port. 25 Min. Leicht

Zutaten

- ½ Avocado
- 80 g Kichererbsen
- 2 TL + 1 EL Olivenöl
- 1 TL Kurkumapulver
- ¼ TL Paprikapulver
- 1 Handvoll Grünkohl
- ½ TL Zitronensaft
- 30 g Rotkohl
- 40 g Paprika
- 30 g Karotte
- 30 g Gurke
- 3-4 Radieschen
- 1 EL Granatapfelkerne
- 1 TL Sesam
- 1 EL Mandeln
- etwas frische Petersilie
- 1 TL Apfelessig
- ½ TL Dijon-Senf
- 1 TL Ahornsirup
- Salz & schwarzer Pfeffer

Nährwerte p. P.

60 kcal, 2 g kh,
4 g Fett, 2 g Eiweiß

1 Heizen Sie den Backofen auf 180 °C Ober-/Unterhitze vor. Geben Sie die abgetropften Kichererbsen in eine Schüssel und vermengen Sie diese mit 1 TL Olivenöl, ½ TL Kurkuma, Paprikapulver und 1 Prise Salz. Verteilen Sie die Kichererbsen auf einem mit Backpapier belegten Blech und rösten Sie sie für ca. 20 Minuten.

2 Waschen und trocknen Sie den Grünkohl. Entfernen Sie grobe Stiele. Geben Sie den Grünkohl in eine Schüssel und massieren Sie ihn mit Zitronensaft, 1 TL Olivenöl und 1 Prise Salz etwa 2 Minuten lang kräftig mit den Händen, bis er weich wird.

3 Hobeln oder schneiden Sie Rotkohl, Paprika, Karotte, Gurke und Radieschen klein. Schneiden Sie die Avocado in feine Spalten.

4 Verrühren Sie 1 EL Olivenöl, Apfelessig, Senf, Ahornsirup, ½ TL Kurkumapulver, Pfeffer und etwas Salz zu einem glatten Dressing.

5 Geben Sie den Grünkohl als Basis in eine große Schüssel. Ordnen Sie die weiteren Zutaten in kleinen „Segmenten" rundherum an. Geben Sie das Dressing gleichmäßig über alle Zutaten. Bestreuen Sie die Bowl mit Granatapfelkernen, Sesam, Mandeln und frischer Petersilie.

Tomaten-Zucchini-Penne

4 Port. 20 Min. Leicht

Zutaten

- 200 g Dinkelpenne
- 2 kleine Zucchini
- 200 g Kirschtomaten
- 1 große Knoblauchzehe
- 20 g kalte Margarine
- 1 EL Olivenöl
- etwas Salz
- etwas Pfeffer
- etwas Thymian zum Dekorieren

Nährwerte p. P.

621 kcal, 91 g kh,
18 g Fett, 22 g Eiweiß

1 Penne nach Packungsangabe kochen. Währenddessen Knoblauch schälen und fein hacken. Öl in eine große Pfanne geben und Hälfte des Knoblauchs langsam darin erhitzen.

2 Tomaten waschen, halbieren und in Scheiben schneiden. Zucchini waschen, vierteln und ebenfalls in Scheiben schneiden.

3 Zucchini und Tomaten zum Knoblauch in die Pfanne geben und alles bei mittlerer Hitze ca. 5 Minuten braten. Gemüse mit Salz und Pfeffer abschmecken.

4 Etwas Wasser und Penne in die Pfanne geben, kalte Margarine zufügen und alles miteinander vermengen.

5 Thymian waschen und fein hacken.

6 Penne auf einem Teller anrichten und restlichen gehackten Knoblauch sowie Thymian darübergeben.

Snacks & Beilagen

Haferkekse

40 Port. 30 Min. Leicht

Zutaten

90 g Erythrit	
90 g Kokosöl	
1 TL Vanilleextrakt	
1 Bio-Ei	
180 g zarte Haferflocken	
75 g Dinkelvollkornmehl	
½ TL Zimt	
1 Pck. Backpulver	
1 Prise Salz	

Nährwerte p. P.

80 kcal, 12 g kh,
4 g Fett, 2 g Eiweiß

1 Heizen Sie den Backofen auf 190 °C Ober-/Unterhitze vor. Mischen Sie Erythrit, Kokosöl und Vanilleextrakt und rühren Sie das Ei unter.

2 Verrühren Sie separat Haferflocken, Mehl, Backpulver, Zimt und Salz. Geben Sie die Mischung zur flüssigen und kneten Sie alles durch.

3 Stechen Sie mithilfe eines Teelöffels kleine Teigstückchen ab und formen Sie sie mit Ihren Händen zu runden Plätzchen. Legen Sie diese dann auf ein mit Backpapier ausgelegtes Backblech.

4 Backen Sie die Kekse etwa 10 Minuten.

Pikante Kichererbsen

4 Port. 25 Min. Leicht

Zutaten

1 Dose Kichererbsen
1 EL Olivenöl
½ TL Kurkuma
½ TL Kümmel
½ TL Rauchsalz
etwas Petersilie

Nährwerte p. P.

105 kcal, 12 g kh,
4 g Fett, 5 g Eiweiß

1 Spülen Sie die Kichererbsen mit klarem Wasser in einem Sieb ab. Tupfen Sie sie mit Küchenpapier trocken. Mischen Sie in einer Schüssel Öl und Gewürze.

2 Erhitzen Sie eine Pfanne und rösten Sie die Kichererbsen-Mischung darin ca. 20 Minuten an. Rühren Sie sie dabei ab und zu um.

3 Waschen Sie die Petersilie und schütteln Sie sie trocken.

4 Sobald die Kichererbsen braun und knusprig sind, geben Sie sie in eine Schüssel und lassen sie auskühlen. Garnieren Sie den Snack mit Petersilie.

Energy-Balls

4 Port. 20 Min. Leicht

Zutaten

- 80 g Datteln
- 3 EL Wasser
- 2 TL Mandelmus
- 50 g Cashewkerne
- 50 g zarte Haferflocken
- 2 TL dunkles ungesüßtes Kakaopulver
- 1 Prise Salz

Nährwerte p. P.

198 kcal, 11 g kh,
13 g Fett, 6 g Eiweiß

1 Schneiden Sie die Datteln klein, heben Sie Wasser und Mandelmus unter und pürieren Sie es anschließend. Rösten Sie die Cashewkerne in einer beschichteten Pfanne ohne Öl goldgelb an.

2 Lassen Sie sie abkühlen und hacken Sie sie fein.

3 Verrühren Sie die Haferflocken mit Kakaopulver und Salz. Vermischen Sie Cashewkerne und Dattel-Mandelmus-Mischung. Verkneten Sie die Masse gut und formen Sie 20 Kugeln.

4 Stellen Sie sie vor dem Servieren ca. 30 Minuten kühl.

Karotten-Sellerie-Sticks mit Dip

4 Port. 10 Min. Leicht

Zutaten

2 Karotten
2 Stangen Sellerie
200 g Kichererbsen
2 TL Sesamöl
2 Zitronen
2 Knoblauchzehen
etwas Chilipulver
etwas Paprikapulver
etwas Kreuzkümmel
etwas Pfeffer
2 EL Sesampaste
1 Schuss Sesamöl
etwas Kurkumapulver

Nährwerte p. P.

345 kcal, 34 g kh,
15 g Fett, 13 g Eiweiß

1 Weichen Sie die Kichererbsen über Nacht in Wasser ein und kochen Sie sie am nächsten Tag ohne Salz.

2 Geben Sie die Kichererbsen und die restlichen Zutaten, bis auf Gemüse, 1 Schuss Sesamöl und Kurkumapulver, in den Mixer und pürieren Sie alles fein. Sollte die Masse zu dick sein, können Sie etwas Wasser einfüllen.

3 Schälen Sie Karotten und Sellerie und schneiden Sie sie in Stifte.

4 Geben Sie das Kichererbsen-Hummus in ein Schälchen und garnieren Sie es mit etwas Sesamöl und Kurkumapulver.

Geröstete Kürbiskerne

2 Port. 25 Min. Leicht

Zutaten

200 g frische Kürbiskerne (z. B. aus einem Hokkaidokürbis)
1 TL Salz
1 TL Curry
1 TL Paprikapulver
2 TL Olivenöl

Nährwerte p. P.

89 kcal, 53 g kh, 20 g Fett, 19 g Eiweiß

1 Halbieren Sie den Kürbis, entnehmen Sie die Kerne und waschen Sie sie gründlich. Tupfen Sie sie mit einem Küchenpapier trocken. Legen Sie die Kerne auf etwas Küchenpapier und lassen Sie sie vollständig trocknen.

2 Heizen Sie den Backofen auf 200 °C Ober-/Unterhitze vor. Belegen Sie ein Backblech mit Backpapier. Geben Sie die Kerne auf das Blech und beträufeln Sie sie mit Olivenöl. Rösten Sie die Kerne ca. 20 Minuten im Ofen.

3 Füllen Sie sie in eine Schüssel und vermengen Sie sie mit den Gewürzen.

Nuss-Müsliriegel

20 Port. 30 Min. Leicht

Zutaten

- 100 g Haselnüsse
- 100 g Cashewkerne
- 200 g Haferflocken
- 100 g Mandeln
- 100 g Kokosöl
- 120 g flüssiger Honig
- 2 Eiweiß

Nährwerte p. P.

93 kcal, 15 g kh,
3 g Fett, 8 g Eiweiß

1 Schmelzen Sie das Kokosöl mit Honig in einem Topf und lassen Sie es abkühlen. Geben Sie Haselnüsse, Cashewkerne, Haferflocken und Mandeln in eine Schüssel.

2 Schlagen Sie das Eiweiß steif und stellen Sie es beiseite. Geben Sie die Butter-Honig-Masse zu den trockenen Zutaten und verrühren Sie alles gut miteinander. Heben Sie den Eischnee vorsichtig unter.

3 Legen Sie ein Backblech mit Backpapier aus und verteilen Sie die hergestellte Masse darauf. Drücken Sie den Teig fest an.

4 Heizen Sie den Ofen auf 150 °C Umluft vor. Backen Sie die Müsliriegel ca. 20 Minuten im Ofen. Lassen Sie die Müsliriegel vollständig abkühlen.

5 Schneiden Sie die gebackene Masse in 20 Riegel.

Apfel-Zimt-Chips

1 Port. 50 Min. Leicht

Zutaten

1 Apfel
¼ TL Zimt
1 Prise Salz

Nährwerte p. P.

105 kcal, 22 g kh,
1 g Fett, 1 g Eiweiß

1 Heizen Sie den Backofen auf 120 °C Ober-/Unterhitze vor. Belegen Sie ein Backblech mit Backpapier.

2 Entfernen Sie das Gehäuse des Apfels und schneiden Sie ihn in dünne Scheiben.

3 Bestreuen Sie die Apfelscheiben mit Salz und Zimt und vermischen Sie sie vorsichtig.

4 Legen Sie die Apfelscheiben auf das Backblech und backen Sie sie ca. 40 Minuten.

Lachs-Canapés

6 Port. 10 Min. Leicht

Zutaten

- 6 runde Pumpernickel
- 150 g Frischkäse
- 100 g Räucherlachs
- 1 EL Meerrettich
- 1 EL Zitronensaft
- etwas Salz
- etwas Pfeffer
- etwas Dill zum Dekorieren

Nährwerte p. P.

190 kcal, 18 g kh,
12 g Fett, 10 g Eiweiß

1 Vermischen Sie in einer Schale Frischkäse mit Meerrettich und Zitronensaft. Würzen Sie die Mischung mit Salz und Pfeffer.

2 Bestreichen Sie die Pumpernickel mit etwas Frischkäse-Mischung und drapieren Sie je eine halbe Scheibe geräucherten Lachs darauf.

3 Waschen Sie den Dill und schütteln Sie ihn trocken.

4 Garnieren Sie jedes Häppchen mit etwas Dill.

Gebackene Sojabohnen

4 Port. 35 Min. Leicht

Zutaten

- 250 g Sojabohnen
- 240 ml Wasser
- 1 Prise Salz
- 1 Prise Pfeffer
- 1 Prise Currypulver

Nährwerte p. P.

330 kcal, 18 g kh,
15 g Fett, 30 g Eiweiß

1 Weichen Sie die Sojabohnen über Nacht in Wasser ein.

2 Gießen Sie das Wasser ab und breiten Sie eine Schicht Sojabohnen auf einem mit Backpapier belegten Backblech aus.

3 Heizen Sie den Backofen auf 170 °C Umluft vor.

4 Backen Sie die Sojabohnen ca. 30 Minuten.

5 Lassen Sie die Bohnen abkühlen und fügen Sie die Gewürze hinzu.

Löwenzahnblüten im Teigmantel

4 Port. 35 Min. Leicht

Zutaten

- 15-20 frische Löwenzahnblüten
- 100 g Kichererbsenmehl
- 1 TL Kurkuma
- ½ TL Kreuzkümmel
- ½ TL Paprikapulver
- Salz & Pfeffer nach Geschmack
- 150 ml sprudelndes Wasser
- 1 EL Olivenöl oder Kokosöl

Nährwerte p. P.

155 kcal, 20 g kh,
5 g Fett, 7 g Eiweiß

1 Waschen Sie die Löwenzahnblüten gründlich und lassen Sie sie anschließend gut trocknen.

2 Vermengen Sie das Kichererbsenmehl mit Kurkuma, Kreuzkümmel, Paprikapulver, Salz und Pfeffer in einer Schüssel. Gießen Sie nach und nach das sprudelnde Wasser hinzu und rühren Sie die Masse, bis ein glatter Teig entsteht.

3 Erhitzen Sie das Olivenöl oder Kokosöl in einer Pfanne bei mittlerer Temperatur. Tauchen Sie jede Löwenzahnblüte in den Teig, sodass sie vollständig umhüllt ist. Braten Sie die Blüten im heißen Öl von beiden Seiten goldbraun an.

4 Lassen Sie die gebackenen Löwenzahnblüten auf Küchenpapier abtropfen.

Gebratene Zitronen-Kräuterseitlinge

2 Port. 20 Min. Leicht

Zutaten

400 g Kräuterseitlinge
2 EL Olivenöl
1 Bio-Zitrone
3-4 Zweige frischer Thymian
Salz nach Geschmack
frisch gemahlener schwarzer Pfeffer

Nährwerte p. P.

230 kcal, 8 g kh,
18 g Fett, 6 g Eiweiß

1 Putzen Sie die Kräuterseitlinge und schneiden Sie sie längs in dicke Scheiben oder Viertel.

2 Erhitzen Sie das Olivenöl in einer großen Pfanne bei mittlerer bis hoher Hitze. Legen Sie die Kräuterseitlinge nebeneinander in die Pfanne und braten Sie sie ohne Wenden an, bis sie eine kräftige goldbraune Bräune entwickeln. Wenden Sie die Pilze und braten Sie die zweite Seite ebenfalls goldbraun.

3 Würzen Sie die Kräuterseitlinge mit Salz und Pfeffer. Zupfen Sie die Thymianblättchen von den Zweigen und geben Sie sie kurz vor Ende der Bratzeit zu den Pilzen, sodass sie ihr Aroma entfalten, ohne zu verbrennen.

4 Reiben Sie etwas Zitronenschale über die Pilze und träufeln Sie wenige Tropfen Zitronensaft darüber. Schwenken Sie die Pfanne kurz.

5 Bestreuen Sie Kräuterseitlinge nach Wunsch nochmals leicht mit Pfeffer.

Süßkartoffel-Kichererbsen-Toast

2 Port. 35 Min. Leicht

Zutaten

1 große Süßkartoffel
1 Dose Kichererbsen
1 reife Avocado
2 EL Olivenöl
1 TL Paprikapulver (edelsüß oder geräuchert)
½ TL Kreuzkümmel (gemahlen)
1 TL Zitronensaft
Salz nach Geschmack
einige Blätter frischer Babyspinat

Nährwerte p. P.

560 kcal, 58 g kh,
32 g Fett, 15 g Eiweiß

1 Backofen auf 200 °C Ober-/Unterhitze vorheizen. Süßkartoffel waschen und längs in 1-1,5 cm dicke Scheiben schneiden. Scheiben auf ein mit Backpapier belegtes Blech legen, mit 1 EL Öl bestreichen und leicht mit Salz würzen.

2 Süßkartoffelscheiben 25-30 Minuten backen, bis sie weich sind und goldbraune Ränder haben. Nach der Hälfte der Zeit wenden.

3 Kichererbsen abspülen, gut abtropfen lassen, trocken tupfen und mit restlichem Öl, Paprikapulver, Kreuzkümmel und etwas Salz vermengen. Kichererbsen in einer Pfanne goldbraun rösten

4 Avocado halbieren, Kern entfernen, Fruchtfleisch in eine Schüssel geben, mit einer Gabel zu einer glatten Creme zerdrücken und mit Zitronensaft und Salz verrühren.

5 Süßkartoffelscheiben mit Avocadocreme bestreichen, Kichererbsen darauf verteilen und mit Babyspinat garnieren.

Mangoldtaler

2 Port. 30 Min. Leicht

Zutaten

- 200 g Mangold
- 1 kleine Zwiebel
- 1 Knoblauchzehe
- 60 g Haferflocken (zart)
- 2 EL Sesam
- 2 EL Olivenöl
- Salz nach Geschmack
- schwarzer Pfeffer
- 100 g Rote Beete (gekocht)
- 1 TL Zitronensaft
- 1-2 EL Wasser
- einige Mangoldblätter

Nährwerte p. P.

420 kcal, 40 g kh,
22 g Fett, 12 g Eiweiß

1 Mangold waschen, Blätter von den Stielen trennen, Stiele fein schneiden und Blätter hacken.

2 Zwiebel und Knoblauch schälen und fein hacken. 1 EL Olivenöl in einer Pfanne erhitzen und Zwiebel, Knoblauch und Mangoldstiele darin glasig dünsten. Mangoldblätter zufügen und kurz zusammenfallen lassen. Pfanne vom Herd nehmen und Mischung etwas abkühlen lassen.

3 Mischung in eine Schüssel geben, Haferflocken, 1 EL Sesam, Salz und Pfeffer zufügen und alles vermengen. Aus der Masse Taler formen.

4 Restliches Olivenöl in einer Pfanne erhitzen und Mangoldtaler bei mittlerer Hitze von beiden Seiten goldbraun braten.

5 Für den Dip Rote Beete mit Zitronensaft und Wasser in einen Mixer geben und glatt pürieren.

6 Mangoldtaler auf einem Teller auf etwas Blattgrün anrichten, mit restlichem Sesam bestreuen und Dip separat in einer kleinen Schale servieren.

Süßspeisen & Desserts

Avocado-Schoko-Mousse

2 Port. 10 Min. Leicht

Zutaten

- 4 Medjool-Datteln
- 3 EL Kakaopulver
- 1 Avocado
- ein paar Minzblätter zum Dekorieren

Nährwerte p. P.

300 kcal, 35 g kh, 20 g Fett, 4 g Eiweiß

1 Entkernen Sie die Datteln und weichen Sie sie ein paar Minuten in Wasser ein.

2 Geben Sie die Datteln zusammen mit dem Einweichwasser sowie mit Kakaopulver und Avocado-Fruchtfleisch in einen Mixer und pürieren Sie alles.

3 Waschen Sie die Minzblätter und schütteln Sie sie trocken.

4 Verteilen Sie das Dessert auf zwei Schälchen und garnieren Sie es mit ein paar frischen Minzblättern.

Erdbeeren in Balsamicoessig

2 Port. 10 Min. Leicht

Zutaten

500 g reife Erdbeeren
3 EL Balsamicoessig
1 EL Stevia

Nährwerte p. P.

145 kcal, 6 g kh,
0 g Fett, 1 g Eiweiß

1 Waschen Sie die Erdbeeren und halbieren Sie sie, je nach Größe.

2 Geben Sie die Erdbeeren in eine verschließbare Schüssel und übergießen Sie sie mit Essig und Stevia. Stellen Sie die Erdbeeren für mindestens 3 Stunden in den Kühlschrank.

3 Richten Sie die Erdbeeren in kleinen Schälchen an.

Birnen mit Quarkfüllung

4 Port. 15 Min. Leicht

Zutaten

4 Birnen
500 g Magerquark
50 g Birkenzucker
2 EL Zitronensaft
ein paar Walnüsse
ein paar Minzblätter zum Dekorieren

Nährwerte p. P.

367 kcal, 50 g kh,
10 g Fett, 18 g Eiweiß

1 Waschen Sie die Birnen und halbieren Sie sie. Entnehmen Sie den Strunk und die Kerne.

2 Vermengen Sie in einer Schüssel Quark mit Zitronensaft und Zucker.

3 Hacken Sie die Walnüsse klein. Waschen Sie die Minzblätter und schütteln Sie sie trocken.

4 Füllen Sie die Birnenhälften mit der Quarkmasse und streuen Sie die gehackten Nüsse darüber.

5 Garnieren Sie das Gericht mit Minzblättern.

Erdbeer-Rhabarber-Crumble

6 Port. 90 Min. Leicht

Zutaten

500 g Erdbeeren	
700 g Rhabarber	
1 TL Vanilleextrakt	
2 EL Limettensaft	
170 g Birkenzucker	
120 g Margarine	
180 g Dinkelmehl	
1 Prise Salz	

Nährwerte p. P.

368 kcal, 62 g kh,
17 g Fett, 5 g Eiweiß

1 Stellen Sie sechs hitzebeständige Glasschälchen bereit.

2 Waschen und putzen Sie die Erdbeeren. Schälen Sie den Rhabarber und schneiden Sie beide Zutaten in ca. 3 cm große Stücke.

3 Vermengen Sie Limettensaft, Vanilleextrakt und 50 g Zucker mit dem Rhabarber und den Erdbeeren. Lassen Sie alles ca. 45 Minuten ziehen.

4 Fetten Sie die Glasschälchen ein. Heizen Sie den Backofen auf 160 °C Umluft vor. Verkneten Sie Mehl mit restlichem Zucker, Margarine und Salz zu einem bröseligen Teig.

5 Füllen Sie die Fruchtmischung in die Schälchen und verteilen Sie großzügig Streusel darüber.

6 Backen Sie den Crumble ca. 25 Minuten im Ofen.

Avocado-Minz-Eis

4 Port. 40 Min. Leicht

Zutaten

- 350 g Avocado
- 5 g Minze
- 2 EL Limettensaft
- 1 TL Bio-Limettenabrieb
- 2 EL Reissirup
- 200 ml Hafercuisine
- 20 g Pistazien

Nährwerte p. P.

180 kcal, 8 g kh, 14 g Fett, 2 g Eiweiß

1 Halbieren Sie die Avocado, entfernen Sie den Stein und entnehmen Sie mit einem Löffel das Fruchtfleisch.

2 Waschen Sie die Minzblätter und schütteln Sie sie trocken.

3 Geben Sie Minzblätter, Limettensaft, Limettenschale und Reissirup in einen Mixer und mixen Sie alles glatt. Rühren Sie die Hafercuisine unter. Lassen Sie die Masse ca. 30 Minuten in der Eismaschine gefrieren oder lassen Sie sie in einer Schale für 4 Stunden im Tiefkühlfach, dabei müssen Sie die Masse stündlich mit dem Schneebesen durchrühren.

4 Hacken Sie die Pistazien klein.

5 Formen Sie Kugeln aus dem Eis und bestreuen Sie es mit Pistazien.

Buchweizenwaffeln

1 Port. 30 Min. Leicht

Zutaten

- 3 Eier
- 120 g weiche Margarine
- 60 g Birkenzucker
- 250 ml Hafermilch
- 1 Prise Salz
- 200 g Buchweizenmehl
- 50 g Speisestärke
- 2 TL Backpulver
- frische Früchte

Nährwerte p. P.

*700 kcal, 70 g kh,
45 g Fett, 20 g Eiweiß*

1 Buchweizenmehl mit Backpulver und Stärke mischen. Schlagen Sie die Eier mit Zucker, Salz und Margarine schaumig. Rühren Sie die Milch ein und geben Sie die Mehlmischung dazu. Lassen Sie alles 15 Minuten ruhen.

2 Fetten Sie ein Waffeleisen mit Margarine ein und backen Sie die Waffeln nacheinander goldbraun.

3 Richten Sie die Waffeln auf einem Teller an und garnieren Sie sie mit frischen Früchten.

Blaubeer-Buttermilch-Muffins

12 Port. 30 Min. Leicht

Zutaten

- 50 g zarte Haferflocken
- 250 ml Buttermilch
- 150 g TK-Heidelbeeren
- 180 g Dinkelmehl
- 1 TL Backpulver
- 1 TL Zimt
- 2 Eier
- 100 g Birkenzucker
- 100 ml Kokosöl

Nährwerte p. P.

210 kcal, 11 g kh,
11 g Fett, 4 g Eiweiß

1 Heizen Sie den Backofen auf 200 °C Ober-/Unterhitze vor. Mischen Sie die Haferflocken mit Buttermilch in einer Schüssel und lassen Sie sie 5 Minuten quellen. Heidelbeeren verlesen, waschen und trocken tupfen.

2 Verrühren Sie Mehl, Backpulver und Zimt. Verquirlen Sie die Eier und vermischen Sie sie gründlich mit den gequollenen Haferflocken, Öl und Zucker. Mischen Sie die Eiermasse mit der Mehlmischung. Heben Sie die Heidelbeeren vorsichtig unter.

3 Fetten Sie ein Muffinblech und füllen Sie den Teig ein.

4 Backen Sie die Muffins ca. 20 Minuten.

Kokospralinen

18 Port. 20 Min. Leicht

Zutaten

250 g Magerquark
80 g gemahlene geschälte Mandeln
1 EL Ahornsirup
2 Msp. gemahlene Vanille
130 g Kokosraspel
18 ganze geschälte Mandeln

Nährwerte p. P.

100 kcal, 2 g kh,
9 g Fett, 4 g Eiweiß

1 Geben Sie Magerquark, gemahlene Mandeln, Ahornsirup, Vanille und 50 g Kokosraspeln in eine Schüssel und verkneten Sie alle Zutaten, bis ein fester Teig entsteht.

2 Nehmen Sie aus der Masse jeweils einen gehäuften Teelöffel und formen Sie mit den Händen eine Kugel. Dabei umhüllen Sie je eine ganze Mandel.

3 Geben Sie die restlichen Kokosraspel auf einen Teller und wälzen Sie die Kugeln darin.

4 Stellen Sie die Kokospralinen ca. 20 Minuten kalt, bevor Sie sie servieren.

Himbeer-Quark

2 Port. 15 Min. Leicht

Zutaten

- 200 g Magerquark
- 200 g Himbeeren
- 1 EL Birkenzucker
- 100 g Skyr
- ½ TL Vanilleextrakt
- ein paar Minzblätter zum Dekorieren

Nährwerte p. P.

300 kcal, 21 g kh,
14 g Fett, 17 g Eiweiß

1 Verlesen Sie die Himbeeren, waschen Sie sie und tupfen Sie sie trocken. Legen Sie vier der Beeren zur Seite.

2 Zerdrücken Sie die restlichen Himbeeren mit dem Vanilleextrakt. Verrühren Sie Birkenzucker, Quark und Skyr und heben Sie die Himbeeren unter.

3 Verteilen Sie das Dessert auf zwei Schalen und garnieren Sie es mit Himbeeren und Minzblättern.

Buchweizen-Birnen-Kuchen

12 Port. 60 Min. Leicht

Zutaten

200 g Buchweizenmehl
200 g gemahlene Walnüsse
1 Pck. Backpulver
125 g Birkenzucker
¼ TL Salz
315 ml Mandelmilch
150 g Kokosöl
300 g Birnen

Nährwerte p. P.

273 kcal, 24 g kh,
19 g Fett, 3 g Eiweiß

1 Heizen Sie den Backofen auf 180 °C Ober-/Unterhitze vor.

2 Mischen Sie die trockenen Zutaten. Rühren Sie die flüssigen Zutaten mit einem Handrührgerät gut ein, damit ein Rührteig entsteht.

3 Waschen Sie die Birnen, schälen Sie sie und entnehmen Sie das Kerngehäuse. Schneiden Sie sie in Stücke und heben Sie sie unter den Teig.

4 Belegen Sie eine Kastenform mit Backpapier und füllen Sie den Teig hinein.

5 Backen Sie den Kuchen ca. 50 Minuten im Ofen.

Kürbiskuchen

12 Port. 75 Min. Leicht

Zutaten

200 g Dinkelmehl
120 g Margarine
60 g Birkenzucker
400 ml Eiswasser
1 Prise Salz

Für die Füllung:

2 mittelgroße Eier
100 g Birkenzucker
1 Pck. Kondensmilch
450 g Kürbispüree
1 TL Zimt
¼ TL Ingwerpulver
¼ TL Kurkuma
1 Prise Muskatnuss
½ TL Salz
2 TL Speisestärke

1 Geben Sie für den Teig Mehl, Zucker und Salz in eine Schüssel. Kneten Sie die Margarine unter, gießen Sie das Eiswasser hinein und verrühren Sie alles zu einem glatten Teig. Formen Sie den Teig zu einer Kugel und wickeln Sie ihn mit Frischhaltefolie ein. Stellen Sie ihn ca. 30 Minuten kühl.

2 Backofen auf 200 °C Ober-/Unterhitze vorheizen. Für den Belag die Eier mit dem Zucker verquirlen. Kürbispüree, Kondensmilch und Speisestärke vorsichtig unterheben. Gewürze zufügen und alles zu einer homogenen Masse verrühren.

3 Rollen Sie den Teig größer als eine Quicheform aus, füllen Sie die Form an Boden und Rand mit Teig aus und schneiden Sie den überstehenden Rand mit einem scharfen Messer ab. Füllen Sie die Kürbissuppe hinein.

4 Backen Sie den Kuchen ca. 35 Minuten.

Nährwerte p. P.

220 kcal, 30 g kh, 11 g Fett, 4 g Eiweiß

Karotten-Nuss-Kuchen

1 Port. 60 Min. Leicht

Zutaten

- 350 g Karotten
- 250 g Birkenzucker
- 2 Eier
- 250 ml Kokosöl
- 200 g gemahlene Haselnüsse
- 250 g Dinkelmehl
- 2 TL Backpulver
- 1½ TL Zimt
- ½ TL Kurkuma

Nährwerte p. P.

300 kcal, 30 g kh, 20 g Fett, 5 g Eiweiß

1 Heizen Sie den Backofen auf 180 °C Ober-/Unterhitze vor. Fetten Sie eine Kastenform ein und bestäuben Sie sie mit etwas Mehl.

2 Schälen Sie die Karotten und raspeln Sie sie in dünne Streifen.

3 Schlagen Sie Zucker und Eier in einer Schüssel cremig. Heben Sie das Öl und die Karottenstreifen unter. Rühren Sie Haselnüsse, Zimt, Backpulver, Mehl und Kurkuma ein.

4 Füllen Sie den Teig in die Kastenform und backen Sie den Kuchen ca. 45 Minuten im Backofen.

Goldener Kuchen

1 Port. 60 Min. Leicht

Zutaten

300 g gemahlene Mandeln	
200 g Birkenzucker	
160 g Magerquark	
120 g Margarine	
4 Eier	
3 EL Kurkuma	
2 TL Backpulver	
3 EL Zimt	
2 EL Agar-Agar	

Nährwerte p. P.

285 kcal, 15 g kh,
15 g Fett, 23 g Eiweiß

1 Heizen Sie den Backofen auf 180 °C Ober-/Unterhitze vor.

2 Vermischen Sie gemahlene Mandeln, Birkenzucker, Kurkuma, Zimt, Agar-Agar und Backpulver.

3 Fügen Sie Margarine, Quark und Eier hinzu und verrühren Sie alles zu einem Teig.

4 Fetten Sie eine Kastenform und füllen Sie den Teig hinein.

5 Backen Sie den Kuchen ca. 50 Minuten im Ofen.

Gewürzkuchen

1 Port. 60 Min. Leicht

Zutaten

- 100 g Margarine
- 4 Eier
- 150 g Birkenzucker
- 125 ml Mandelmilch
- 200 g Dinkelmehl
- 50 g Kastanienmehl
- 10 g Backpulver
- 1 g Salz
- 1 TL 5-Gewürzmischung (Fenchel, Sternanis, Zimt, Pfeffer, Nelken)
- 2 TL Zimt
- 1 TL Ingwerpulver
- etwas Butter für die Form

Nährwerte p. P.

360 kcal, 48 g kh,
16 g Fett, 7 g Eiweiß

1 Schmelzen Sie die Margarine und fügen Sie die Hälfte des Zuckers hinzu, er soll sich vollständig auflösen.

2 Sieben Sie beide Mehlsorten in eine Schüssel und geben Sie das Backpulver hinzu.

3 Heizen Sie den Ofen auf 160 °C Ober-/Unterhitze vor.

4 Verrühren Sie die Eier mit dem restlichen Zucker. Fügen Sie alle Mischungen zusammen und geben Sie Gewürze und Milch hinzu.

5 Verrühren Sie alles zu einem glatten Teig.

6 Fetten Sie eine Kastenform ein und geben Sie den Teig hinein.

7 Backen Sie den Kuchen ca. 50 Minuten.

Avocado-Beeren-Torte

12 Port. 40 Min. Leicht

Zutaten

Für den Boden:

150 g getrocknete Datteln

100 g Pekannüsse

30 g Kokosraspel

Für die Avocadomasse:

4 Avocados

160 ml Kokosmilch

120 g Agavendicksaft

4 EL Limettensaft

3 TL Agar-Agar

Himbeeren und Blaubeeren zum Dekorieren

Nährwerte p. P.

345 kcal, 36 g kh,
22 g Fett, 5 g Eiweiß

1 Bereiten Sie den Boden zu, indem Sie Datteln, Kokosraspel und Pekannüsse in einen Mixer geben. Geben Sie die Masse in eine gefettete Springform und stellen Sie sie 30 Minuten kühl.

2 Halbieren Sie die Avocados und entfernen Sie die Kerne. Lösen Sie das Fruchtfleisch heraus, geben Sie es mit Agavendicksaft, Kokosmilch und Limettensaft in einen Mixer und pürieren Sie es.

3 Geben Sie 750 ml Wasser in einen Topf, rühren Sie das Agar-Agar ein, kochen Sie es 2 Minuten auf und rühren Sie die Avocado-Masse ein.

4 Gießen Sie die Avocado-Masse in die Springform und verteilen Sie sie gleichmäßig auf dem Boden. Lassen Sie die Torte mind. 3 Stunden im Kühlschrank ziehen.

5 Waschen Sie Blaubeeren und Himbeeren, lassen Sie sie gut abtropfen und tupfen Sie sie trocken. Belegen Sie die Torte nach dem Lösen aus der Form mit den frischen Beeren.

Getränke

Gurke-Spinat-Smoothie

1 Port. 10 Min. Leicht

Zutaten

- ½ Gurke
- 1 Apfel
- 1 Handvoll Spinat
- etwas Minze
- 1 Limette
- 1 EL Leinsamen
- Apfelstücke zum Garnieren

Nährwerte p. P.

337 kcal, 27 g kh,
22 g Fett, 7 g Eiweiß

1 Waschen Sie die Gurke, den Spinat und den Apfel. Pressen Sie die Limette aus, schneiden Sie vorher aber eine Scheibe ab.

2 Zerkleinern Sie das Obst und das Gemüse grob.

3 Geben Sie Gurke, Apfel, Spinat, Limettensaft unde Leinsamen in den Mixer und pürieren Sie es.

4 Garnieren Sie den Smoothie mit Minze und einigen Apfelstücken.

Kurkuma-Smoothie

1 Port. 10 Min. Leicht

Zutaten

- 200 ml Mandelmilch
- 50 ml Wasser
- 1 Banane
- 1 EL Zitronensaft
- 1 TL Kurkuma
- 1 Stück frischer Ingwer
- 1 TL Zimt
- 1 TL Chiasamen
- 1 TL Honig
- 1 Zimtstange zum Dekorieren

Nährwerte p. P.

200 kcal, 40 g kh,
4 g Fett, 3 g Eiweiß

1 Schälen Sie die Banane und den Ingwer und schneiden Sie beides grob.

2 Geben Sie alle Zutaten in den Mixer.

3 Gießen Sie den Smoothie in ein Glas und garnieren Sie ihn mit einer Zimtstange.

Mango-Smoothie

2 Port. 10 Min. Leicht

Zutaten

1 reife Mango
½ Banane
2-3 Stiele Minze
2 EL Zitronensaft
80 ml Orangensaft
100 ml Wasser

Nährwerte p. P.

153 kcal, 31 g kh,
1 g Fett, 2 g Eiweiß

1 Schälen Sie die Mango und befreien Sie sie mit einem scharfen Messer vom Stein. Schneiden Sie das Fruchtfleisch in Stücke. Schälen Sie die Banane. Brausen Sie die Minze ab und zupfen Sie die Blätter von den Stielen.

2 Geben Sie alle Zutaten in einen Mixer und pürieren Sie sie fein.

Wassermelonensaft

2 Port. 10 Min. Leicht

Zutaten

¼ Wassermelone
Saft einer Limette
1 EL Ahornsirup
ein paar Minzblätter

Nährwerte p. P.

30 kcal, 8 g kh,
0 g Fett, 1 g Eiweiß

1 Schneiden Sie die Melone in grobe Stücke und entfernen Sie die Kerne.

2 Geben Sie alle Zutaten, bis auf die Minzblätter, in einen Mixer und pürieren Sie sie.

3 Gießen Sie den Melonensaft in ein hohes Glas und garnieren Sie es mit Minzblättern.

Orangenlimonade

1 Port. 10 Min. Leicht

Zutaten

- 500 ml Wasser
- 2 Orangen
- 2 Limetten (oder Zitronen)
- 10 g Ingwer
- 10 g Kurkuma
- ½ TL Olivenöl
- ¼ TL Pfeffer

Nährwerte p. P.

140 kcal, 35 g kh,
1 g Fett, 0 g Eiweiß

1 Geben Sie das Wasser in einen Mixer, halbieren Sie die Orangen und Limetten, pressen Sie den Saft aus und fügen Sie es dem Wasser bei.

2 Schälen Sie Kurkuma und Ingwer, schneiden Sie beides in grobe Stücke und geben Sie es in den Mixer.

3 Geben Sie das Olivenöl und den Pfeffer hinzu und mixen Sie alles etwa 2 Minuten.

4 Füllen Sie die Limonade durch ein Sieb in einen Krug.

Apfel-Zimt-Wasser

1 Port. 10 Min. Leicht

Zutaten

1 l stilles Wasser
2 Äpfel
2 Zimtstangen
2 Sternanis

Nährwerte p. P.

140 kcal, 30 g kh,
2 g Fett, 1 g Eiweiß

1 Erhitzen Sie das Wasser auf 80 °C.

2 Waschen Sie die Äpfel und entfernen Sie das Kerngehäuse. Schneiden Sie die Äpfel in Spalten. Geben Sie Sternanis, Zimt und Äpfel in einen Krug.

3 Gießen Sie das Wasser hinein und lassen Sie den Krug ca. 2 Stunden im Kühlschrank stehen.

Kresse-Smoothie

4 Port. 5 Min. Leicht

Zutaten

15 g Kresse
1 Apfel
250 ml Milch

Nährwerte p. P.

230 kcal, 34 g kh,
10 g Fett, 10 g Eiweiß

1 Waschen Sie die Kresse und den Apfel und schneiden Sie den Apfel in Stücke.

2 Pürieren Sie Milch, Apfel und Kresse, wobei Sie etwas Kresse zur Seite legen.

3 Gießen Sie den Smoothie in hohe Gläser und geben Sie etwas Kresse als Dekoration obendrauf.

Birnen-Wasser

2 Port. 10 Min. Leicht

Zutaten

1 große Birne
1 Zitronenscheibe
500 ml Wasser

Nährwerte p. P.

57 kcal, 15 g kh,
0 g Fett, 0 g Eiweiß

1 Waschen Sie die Birne und entfernen Sie das Kerngehäuse. Schneiden Sie die Birne in schmale Spalten.

2 Waschen Sie die Zitrone und schneiden Sie sie in Scheiben.

3 Geben Sie je eine Hälfte der Birne und Zitrone in ein Glas und füllen Sie es mit Wasser auf.

Heidelbeer-Bananen-Smoothie

1 Port. | 5 Min. | Leicht

Zutaten

150 g Banane
100 g Heidelbeeren
etwas Wasser

Nährwerte p. P.

145 kcal, 33 g kh,
1 g Fett, 2 g Eiweiß

1 Schälen Sie die Banane und schneiden Sie sie in grobe Scheiben.

2 Pürieren Sie alle Zutaten. Legen Sie ein paar Heidelbeeren zur Seite.

3 Gießen Sie den Smoothie in ein Glas und dekorieren Sie ihn mit ein paar Heidelbeeren.

Ingwertee

1 Port. 15 Min. Leicht

Zutaten

1 Knolle Ingwer
2 Spritzer Zitronensaft
1 TL Honig
1 Stängel Minzblätter

Nährwerte p. P.

35 kcal, 8 g kh,
0 g Fett, 1 g Eiweiß

1 Waschen Sie den Ingwer. Schneiden Sie von der ungeschälten Ingwerwurzel 3 bis 5 cm große Stücke ab.

2 Raspeln Sie die Stücke in dünne Scheiben.

3 Geben Sie den Ingwer in eine Teekanne und überbrühen Sie ihn mit heißem Wasser.

4 Lassen Sie den Tee zugedeckt ca. 10 Minuten stehen.

5 Geben Sie den Honig und den Zitronensaft hinzu.

6 Garnieren Sie die Kanne mit Minzblättern.

Kamillentee

1 Port. 15 Min. Leicht

Zutaten

2 TL Kamillenblüten
250 ml heißes Wasser

Nährwerte p. P.

0 kcal, 0 g kh,
0 g Fett, 0 g Eiweiß

1 Geben Sie die frischen Kamillenblüten in eine Tasse und übergießen Sie sie mit heißem Wasser.

2 Lassen Sie sie zugedeckt ca. 10 Minuten ziehen.

3 Gießen Sie den Tee ab.

Goldene Milch

2 Port. 15 Min. Leicht

Zutaten

500 ml Pflanzendrink (z. B. Hafer-, Mandel- oder Kokosdrink)
1 TL Kurkuma (gemahlen)
10-15 g frischer Ingwer
1 Prise schwarzer Pfeffer (frisch gemahlen)
optional: 1 TL Honig oder Ahornsirup

Nährwerte p. P.

120 kcal, 4 g kh, 4 g Fett, 3 g Eiweiß

1 Schälen Sie den Ingwer und schneiden Sie ihn in dünne Scheiben oder reiben Sie ihn fein.

2 Geben Sie den Pflanzendrink zusammen mit Kurkuma, Ingwer und schwarzem Pfeffer in einen kleinen Topf. Erhitzen Sie die Mischung langsam bei mittlerer Hitze, ohne sie zum Kochen zu bringen. Lassen Sie die Milch 5-7 Minuten sanft ziehen, damit sich die Gewürzaromen vollständig entfalten.

3 Nehmen Sie den Topf vom Herd und entfernen Sie die Ingwerstücke mit einem Sieb oder gießen Sie die Milch durch ein feines Sieb ab, sodass ein glattes, klares Getränk entsteht.

4 Süßen Sie die Milch optional leicht. Gießen Sie sie in Gläser oder Tassen und servieren Sie sie heiß.

Brombeer-Rosmarin-Spritz

2 Port. 15 Min. Leicht

Zutaten

- 120 g Brombeeren (frisch)
- 500 ml Mineralwasser mit Kohlensäure
- 2 Zweige frischer Rosmarin
- Eiswürfel nach Bedarf
- 1-2 TL Honig oder Ahornsirup, optional

Nährwerte p. P.

35 kcal, 7 g kh,
0 g Fett, 2 g Eiweiß

1 Waschen Sie die Brombeeren und lassen Sie sie gut abtropfen. Geben Sie etwa zwei Drittel der Brombeeren in ein hitzebeständiges Gefäß.

2 Zerdrücken Sie die Brombeeren leicht mit einem Löffel, sodass Saft austritt, die Beeren aber nicht vollständig püriert werden. Übergießen Sie sie mit etwa 100 ml heißem Wasser und lassen Sie die Mischung 5 Minuten ziehen. Seihen Sie den Sud anschließend durch ein feines Sieb ab, sodass eine klare, rubinrote Flüssigkeit entsteht.

3 Füllen Sie Gläser mit Eiswürfeln. Geben Sie den Brombeersud in die Gläser und füllen Sie sie mit gut gekühltem Mineralwasser auf.

4 Waschen Sie die Rosmarinzweige und klatschen Sie sie kurz zwischen den Händen an, um die ätherischen Öle freizusetzen. Geben Sie jeweils einen Zweig sowie die restlichen ganzen Brombeeren in die Gläser.

5 Süßen Sie den Spritz optional leicht. Servieren Sie das Getränk sofort.

Grünkohl-Smoothie

2 Port. 10 Min. Leicht

Zutaten

200 g	Grünkohl
1	Gurke
1 Stange	Staudensellerie
½	Kiwi
20 g	Ingwer
40 g	Walnüsse
300 ml	Mandeldrink

Nährwerte p. P.

210 kcal, 18 g kh,
14 g Fett, 5 g Eiweiß

1 Waschen Sie das Gemüse gründlich ab. Schälen Sie die Kiwi und den Ingwer.

2 Geben Sie alle Zutaten in einen Standmixer und pürieren Sie daraus einen homogenen Smoothie.

3 Sollte der Smoothie zu fest geworden sein, geben Sie etwas mehr Mandeldrink oder Wasser hinzu.

4 Lagern Sie den Smoothie bis zum Servieren verschlossen im Kühlschrank.

Zitronen-Minz-Limonade

1 Port. 10 Min. Leicht

Zutaten

2 Handvoll Eiswürfel
6 Blätter Minze
½ Zitrone, Bio

Nährwerte p. P.

10 kcal, 3 g kh,
0 g Fett, 1 g Eiweiß

1 Geben Sie die Eiswürfel in einen Mixer.

2 Schneiden Sie eine Scheibe der halben Zitrone ab und geben Sie sie ebenfalls hinzu.

3 Waschen Sie die Minze und geben Sie zwei Blätter ebenfalls in den Mixer.

4 Mixen Sie die Menge auf niedriger Stufe, bis eine trinkbare Konsistenz erreicht ist.

5 Garnieren Sie mit den restlichen Minzblättern und der restlichen Zitrone das Glas.

Tipp: Wenn Sie es gerne süßer mögen, können Sie einige reife Himbeeren hinzufügen.

Rote-Beete-Smoothie

1 Port. 10 Min. Leicht

Zutaten

300 g Orangen
250 g Erdbeeren
200 g Rote Beete
50 g Rote-Beete-Blätter
5 g Ingwer

Nährwerte p. P.

348 kcal, 65 g kh, 2 g Fett, 9 g Eiweiß

1 Schälen Sie die Orangen und die Rote Beete und schneiden Sie sie in Stücke. Schälen Sie den Ingwer ebenfalls.

2 Waschen Sie die Erdbeeren und lassen Sie sie abtropfen.

3 Pürieren Sie alle Zutaten mithilfe eines Mixers oder einer Küchenmaschine.

Tipp: Verwenden Sie den Smoothie auch als Dressing für einen Obstsalat.

Karotten-Smoothie

2 Port. 10 Min. Leicht

Zutaten

15 g Ingwer
300 ml Haferdrink (ungesüßt)
200 ml Karottensaft
1 Banane
2 EL Weizenkeime
1 EL Zitronensaft
1 TL Leinöl

Nährwerte p. P.

220 kcal, 30 g kh,
8 g Fett, 5 g Eiweiß

1 Banane schälen und in Scheiben schneiden. Ingwer schälen und fein reiben.

2 Alle Zutaten, außer Haferdrink, in einen Standmixer geben und pürieren. Beginnen Sie auf der niedrigsten Stufe und steigern Sie das Level, bis ein cremiges Getränk entsteht.

3 Final Haferdrink dazugießen und nochmals pürieren.

Birkenblättertee

1 Port. 15 Min. Leicht

Zutaten

2 EL Birkenblätter
250 ml Wasser

Nährwerte p. P.

1 kcal, 0 g kh,
0 g Fett, 0 g Eiweiß

1 Bringen Sie das Wasser zum Kochen und schneiden Sie währenddessen die Birkenblätter grob.

2 Übergießen Sie die Blätter mit dem heißen Wasser und lassen Sie den Tee 10 Minuten ziehen, bevor Sie die Birkenblätter abseihen.

30-Tage-Ernährungsplan

Im Folgenden finden Sie einen Beispiel-Ernährungsplan für 30 Tage. Er ist für eine Person mit einem täglichen Kalorienverbrauch von 2000 kcal ausgelegt und lässt somit an den meisten Tagen noch Platz für eine kleine Zwischenmahlzeit oder einen Snack. Dieser Ernährungsplan ist optimal, um Ihnen beim Einstieg in die entzündungshemmende Ernährung zu helfen und eine gewisse Sicherheit und Struktur zu geben.

Der Ernährungsplan soll aber keine strikte Vorgabe, sondern vielmehr eine Inspiration zur Entwicklung einer eigenen Ernährungsweise darstellen. Fühlen Sie sich deshalb ganz frei, Rezepte nach Ihrem Belieben abzuwandeln oder zu ersetzen, um die für Sie leckerste und passendste Ernährung zu finden.

	Tageszeit	Rezept	Seite	kcal
Tag 1	Morgens	Hafer-Pilz-Omelett + Heidelbeer-Bananen-Smoothie	26/176	495
	Mittags	Hühnerbrust mit Gemüse + Birnen mit Quarkfüllung	78/154	727
	Abends	Karottencremesuppe + Energy-Balls	55/140	631
				1.853
Tag 2	Morgens	Vollkornbrot + Cashew-Kräuter-Creme (2 Port.)	36/43	495
	Mittags	Quiche Lorraine + Erdbeeren in Balsamicoessig	114/153	802
	Abends	Süßkartoffel-Spinat-Salat + Orangenlimonade	69/172	560
				1.857
Tag 3	Morgens	Kokos-Mango-Chia-Pudding (2 Port.)	27	536
	Mittags	Spaghetti alla Vongole + Kürbiskuchen	97/162	826
	Abends	Mangoldtaler + Apfel-Zimt-Wasser	150/173	560
				1.922

	Tageszeit	Rezept	Seite	kcal
Tag 4	Morgens	Dinkelbrot ohne Hefe + Dattel-Aufstrich (2 Port.)	37/44	373
	Mittags	Buchweizen mit gebackenem Chicorée	122	520
	Abends	Kürbissuppe (2 Port.) + Goldene Milch	57/179	986
				1.879
Tag 5	Morgens	Vollkorntoast mit Avocadocreme + Kresse-Smoothie	28/174	427
	Mittags	Kapern-Tomaten-Hähnchen + Gewürzkuchen	80/165	810
	Abends	Grünkohl-Brokkoli-Salat + Gebackene Sojabohnen	71/146	710
				1.947
Tag 6	Morgens	Karotten-Eiweißbrot + Ingwer-Kresse-Aufstrich	38/45	410
	Mittags	Kürbisrisotto + Erdbeer-Rhabarber-Crumble	104/155	818
	Abends	Süßkartoffel-Kichererbsen-Toast + Birnen-Wasser	149/175	617
				1.845
Tag 7	Morgens	Zimt-Porridge mit Nüssen + Kurkuma-Smoothie	29/169	500
	Mittags	Lachs mit Honig-Senfsoße	91	724
	Abends	Spinatsuppe + Avocado-Schoko-Mousse	50/152	700
				1.924
Tag 8	Morgens	Haferflockenbrot + Cashew-Kräuter-Creme	39/43	425
	Mittags	Kichererbsen-Auberginen-Curry (2 Port.)	126	900
	Abends	Blutorangensalat (2 Port.) + Apfel-Zimt-Chips	70/144	485
				1.810
Tag 9	Morgens	Beeren-Müsli + Mango-Smoothie	30/170	505
	Mittags	Vollkorn-Hähnchen-Pasta + Kokospralinen	81/159	935
	Abends	Karotten-Sellerie-Sticks mit Dip + Ingwertee	141/177	380
				1.820
Tag 10	Morgens	Kartoffelbrot + Rote-Beete-Aufstrich (2 Port.)	40	501
	Mittags	Bärlauch-Spargel-Pasta + Avocado-Minz-Eis	117/156	800
	Abends	Süßkartoffel-Ingwer-Suppe + Himbeer-Quark	60/160	660
				1.961

	Tageszeit	Rezept	Seite	kcal
Tag 11	Morgens	Drachenfrucht-Bowl + Gurke-Spinat-Smoothie	31/168	517
	Mittags	Ofenforelle mit Mandeln + Karotten-Nuss-Kuchen	100/163	820
	Abends	Weißkohl-Salat (2 Port.) + Haferkekse (3. Port.)	65/138	600
				1.937
Tag 12	Morgens	Kürbiskern-Röstbrot + Quark-Lachs-Aufstrich	41/47	559
	Mittags	Tomaten-Zucchini-Penne + Goldener Kuchen	136/164	906
	Abends	Kartoffel-Kohlrabi-Gratin (2 Port.)	108	532
				1.997
Tag 13	Morgens	Kichererbsen-Spinat-Pancakes + Karotten-Smoothie	32/184	400
	Mittags	Entenbrust mit Orangensauce + Energy-Balls	82/140	718
	Abends	Grünkohlsuppe + Avocado-Beeren-Torte	56/166	671
				1.789
Tag 14	Morgens	Haferflockenbrot + Rote-Beete-Aufstrich	39/48	428
	Mittags	Rote-Beete-Ravioli + Buchweizen-Birnen-Kuchen	105/161	793
	Abends	Bohnensalat (2 Port.) + „Rührei“ (2 Port.)	66/133	704
				1.925
Tag 15	Morgens	Quinoa-Frühstückssalat + Grünkohl-Smoothie	33/181	540
	Mittags	Kedgeree + Blaubeer-Buttermilch-Muffins	98/158	722
	Abends	Gebratene Zitronen-Kräuterseitlinge (3 Port.)	148	690
				1.902
Tag 16	Morgens	Vollkornbrot (2 Port.) + Dattel-Aufstrich	36/44	490
	Mittags	Indisches Chana Masala (2 Port.)	130	800
	Abends	Blumenkohl-Suppe + Birnen mit Quarkfüllung	53/154	666
				1.956
Tag 17	Morgens	Antioxidantien-Bowl + Kurkuma-Smoothie	34/169	520
	Mittags	Hähnchen-Paprika-Pfanne + Buchweizenwaffeln	84/157	885
	Abends	Granatapfel-Rucola-Salat + Lachs-Canapés (2 Port.)	64/145	510
				1.915

	Tageszeit	Rezept	Seite	kcal
Tag 18	Morgens	Dinkelbrot ohne Hefe + Ingwer-Kresse-Aufstrich	37/45	373
	Mittags	Brokkoli-Feta-Frikadellen + Kürbiskuchen (2 Port.)	112/162	920
	Abends	Gemüse-Pommes mit Ketchup (3 Port.)	124	627
				1.920
Tag 19	Morgens	Hafer-Pilz-Omelett + Heidelbeer-Bananen-Smoothie	26/176	495
	Mittags	Heilbutt mit Tomatensoße (2 Port.)	102	840
	Abends	Rote-Beete-Kokossuppe + Gewürzkuchen	62/165	620
				1.955
Tag 20	Morgens	Karotten-Eiweißbrot + Rote-Beete-Aufstrich	38/48	433
	Mittags	Kürbis-Gnocchi (2 Port.) + Kokospralinen	128/159	800
	Abends	Karottensalat (3 Port.) + Avocado-Schoko-Mousse	67/152	660
				1.893
Tag 21	Morgens	Kokos-Mango-Chia-Pudding (2 Port.)	27	536
	Mittags	Entenkeule mit Johannisbeersoße + Himbeer-Quark	85/160	950
	Abends	Zucchininudeln + Gebackene Sojabohnen	106/146	420
				1.906
Tag 22	Morgens	Haferflockenbrot + Cashew-Kräuter-Creme	39/43	425
	Mittags	Polenta-Käse-Schnitten + Karotten-Nuss-Kuchen	118/163	720
	Abends	Auberginen-Tomaten-Suppe (3 Port.)	59	690
				1.835
Tag 23	Morgens	Vollkorntoast mit Avocadocreme (3 Port.)	28	591
	Mittags	Spinat mit Lachs + Erdbeer-Rhabarber-Crumble	96/155	768
	Abends	Gurken-Kresse-Salat + Kohl-Pilz-Pfanne (2 Port.)	68/107	580
				1.939
Tag 24	Morgens	Kartoffelbrot + Dattel-Aufstrich (3 Port.)	40/44	395
	Mittags	Aloo Palak – Kartoffel-Spinat-Curry (3 Port.)	132	891
	Abends	Gebackener Zitronen-Fenchel (3 Port.)	125	570
				1.856

	Tageszeit	Rezept	Seite	kcal
Tag 25	Morgens	Zimt-Porridge mit Nüssen + Kresse-Smoothie	29/174	530
	Mittags	Kurkuma-Kokos-Hähnchen + Avocado-Beeren-Torte	86/166	905
	Abends	Kohlrabi-Suppe + Löwenzahnblüten im Teigmantel	52/147	355
				1.790
Tag 26	Morgens	Kürbiskern-Röstbrot + Rote-Beete-Aufstrich (2 Port.)	41/48	456
	Mittags	Blumenkohlsteaks in Kräuterkruste (2 Port.)	116	840
	Abends	Süßkartoffel-Spinat-Salat + Pikante Kichererbsen	69/142	525
				1.821
Tag 27	Morgens	Beeren-Müsli + Mango-Smoothie	30/170	505
	Mittags	Sesam-Thunfischsteaks (2 Port.) + Avocado-Minz-Eis	93/156	900
	Abends	Auberginenauflauf + Nuss-Müsliriegel (3 Port.)	109/143	569
				1.974
Tag 28	Morgens	Buchweizen-Sauerteigbrot + Quark-Lachs-Aufstrich	42/47	539
	Mittags	Geschmorte Kräuter-Artischocken (3 Port.)	129	780
	Abends	Pikante Kichererbsensuppe (2 Port.) + Kürbiskuchen	58/162	584
				1.903
Tag 29	Morgens	Drachenfrucht-Bowl + Rote-Beete-Smoothie	31/183	528
	Mittags	Chinapfanne mit Huhn (2 Port.) + Birkenblättertee	88/185	801
	Abends	Grünkohl-Brokkoli-Salat + Geröstete Kürbiskerne	71/142	469
				1.798
Tag 30	Morgens	Karotten-Eiweißbrot + Ingwer-Kresse-Aufstrich	38/45	410
	Mittags	Brokkolipizza + Buchweizen-Birnen-Kuchen (2 Port.)	110/161	946
	Abends	Avocado-Pasta (2 Port.) + Apfel-Zimt-Chips (2 Port.)	121/144	514
				1.870

Register